KB119571

새로운 시대
조직의 조건

새로운 시대 조직의 조건

수평문화에서 제대로 일하는 법

대한민국 100대 기업들이 열광하는 조직문화 솔루션

HSG휴먼솔루션그룹 김미진 조미나 최철규 지음

위즈덤하우스

새로운 시대에는
수평적인 조직문화가 필요하다

회사마다 고유의 분위기라는 게 있다. 사무실에 들어서는 순간 독서실이 아닌가 착각할 만큼 차분한 느낌을 주는 곳이 있다. 반대로 카페처럼 산만하면서도 자유로운 느낌을 주는 곳도 있다. 재미난 건, 직원이 아닌 방문객까지도 그 분위기에 맞춰 행동하게 된다는 사실이다. 왜일까? 이유는 간단하다. 사람은 사회적 동물이기 때문이다. 우리는 다수를 따르는 것이 안전하다는 사실을 경험상 알고 있다. 이처럼 누구나 따라 하게 되는 조직의 분위기, 그것이 바로 조직문화다.

지난 10년간 삼성, LG, 현대, 네이버, 카카오를 비롯해 3300개 가까운 수많은 기업들이 조직문화 활성화를 위해 휴먼솔루션그

룹을 찾았다. 이들이 조직문화 활성화를 원하는 이유는 단 하나
다. 더 나은 성과를 만들기 위해서. 그런데 안타깝게도 높은 성과
를 만드는 조직문화에는 하나로 정해진 답이 없다. 각각의 기업
에 맞는 조직문화가 있을 뿐이다.

우리 기업에는 어떤 조직문화가 맞는지 어떻게 알아낼 수 있
을까? 세 가지를 고려해야 한다.

첫째는 '업業의 본질'이다. '우리 비즈니스의 경쟁력은 어디에
서 나올까?'를 질문하라. 게임회사와 건설회사를 놓고 생각해보
자. 둘의 경쟁력의 원천은 아주 다르다. 게임회사는 창의성과 빠
른 실행력이, 건설회사는 매뉴얼 준수와 세밀한 관리력이 생존을
결정짓는다. 당연히 두 회사의 조직문화는 같을 수 없다. 아니, 같
아서는 안 된다.

둘째는 '시대'다. 4차 산업혁명, 디지털 전환digital transformation이
전통적인 산업 생태계를 모조리 뒤흔들어 놓고 있다. 이런 시대
에 살아남으려면 구성원에게 요구되는 역량이 바뀌어야 한다. 과
거 산업경제industrial economy 시대에 순종과 근면이 요구됐다면 지
금은 창조력이 가장 절실하다creative economy. 당연히 조직문화도 변
화가 불가피하다.

조직문화를 결정짓는 마지막 세 번째 요소는 '세대'다. 이제
국내 주요 기업의 구성원 중 절반 이상을 MZ세대가 차지하고 있

다. 일부 대기업에서는 75퍼센트에 이른다. 이들은 윗세대와 확연히 다르다. 가장 큰 차이점은 조직보다 자기 자신이 먼저라는 것. '나'를 성장시켜주지 못하는 회사는 가차 없이 손절한다. 이들은 또 자신의 생각을 눈치 보지 않고 솔직하게 표현한다. 이런 세대와 함께 일하기 위해서는 새로운 조직문화가 필요하다.

자, 그렇다면 우리 기업은 업의 본질, 시대, 세대라는 세 요소를 놓고 봤을 때 어떤 조직문화가 필요할까? 단번에 답을 찾기가 쉽지는 않지만 그나마 다행인 점이 있다. 하나의 정답은 없지만 많은 기업들이 향하는 '방향성'은 분명 있다는 사실이다.

지금 기업들은 지난 수십 년간 이어온 위계조직hierarchical organization의 단점을 극복하기 위해 수많은 시도를 하고 있다. 전통적 위계조직은 군사 조직처럼 상명하복식이기에 이른바 '틀을 깨는' 혁신적인 아이디어가 나오기 어렵고 관료주의가 쉽게 발생하기 때문이다.

변화는 먼저 미국에서 시작됐다. 자포스Zappos는 기존의 부서와 비슷한 개념인 서클을 만들고 구성원 모두가 동등한 위치에서 일하도록 했다. 의사결정 권한도 각각의 서클이 가진다. 고어W. L. Gore & Associates는 한술 더 뜬다. 직급도 없고 직책도 없다. 관리자도 없다. 모두가 동료일 뿐이다. 부서 개념도 없어서 대부분의 업무는 프로젝트팀을 이뤄서 진행한다. 그야말로 완벽한 수평조직flat organization이다. 이들처럼 급진적이지는 않지만 대부분의 기업들이 직급 체계를 단순화하고 수평적으로 소통하는 조직문화를 만드는 데 열을 올리고 있다.

우리나라 주요 대기업들에도 최근 몇 년간 인사제도 개편 바람이 불었다. 직급을 축소하고 연공서열을 벗어나 성과와 능력 위주로 평가하겠다고 한다. 많은 기업들이 위계조직을 벗어나 새로운 '미래조직post-hierarchical organization'을 실험 중이다. 실리콘밸리의 수많은 스타트업처럼 자유롭게 의견이 오고 가는 속에서 혁신이 이뤄지는 모습을, 기업들은 꿈꾸고 있다.

그런데 애석하게도 변화는 시련을 동반한다. 무작정 '실리콘밸리처럼'을 외친다고 해서 변화가 순탄하게 이뤄지지는 않는다. 호칭을 영어로 바꾼다고 해서 혹은 위아래 상호 존댓말을 쓴다고 해서 절로 수평적인 소통이 되는 것은 아니다. 자칫하다간 '무늬만'이라는 오명을 쓰기 십상이다. 변화의 시행착오를 줄이려면 시각을 달리해야 한다. 즉, 겉모습보다는 그 속에 있는 본질을 먼저 살펴야 한다.

지금 기업들이 꿈꾸고 있는 미래조직은 결국 다음 네 가지 키워드가 핵심이다.

첫째, 역할 중심이다

미래조직은 역할을 중심으로 움직이는 조직role-driven organization 이다. 리더도 강점에 따른 역할 중 하나일 뿐 상사로 군림하지 않 는다. 팀 리더는 전체 조직의 인정과 지원을 받아내고 타 팀과의 협조를 이끌어내는 대표 혹은 대변인 역할을 수행하는 사람일 뿐 이다. 이 역할을 잘 해낼 수만 있으면 그가 연차가 어떻게 되든 상 관없다.

만약 리더인 누군가가 "나 없으면 회사가 안 돌아가"라고 얘 기한다면 어떨까? 과거에는 열심히 일하는 리더라며 높이 평가 했을지 모른다. 하지만 이제는 비난받을 수 있다. 리더가 역할 중 심으로 조직을 구성하지 않고, 본인 혼자서 모든 걸 컨트롤하며 의사결정권을 쥐고 있다는 뜻이기 때문이다.

둘째, 역량이 권력이다

스티브 잡스 하면 어떤 이미지가 떠오르는가? 21세기 최고의 발명품으로 꼽히는 아이폰을 개발한 혁신가 그리고 이를 진두지 휘하며 개발자들과 디자이너들을 공격적으로 몰아붙인 권력자, 아마 그쯤 될 것이다. 하지만 이는 전적으로 애플에서의 모습일

새로운 시대 조직의 조건

뿐이다. 픽사에서 CEO를 역임했을 당시 그는 정반대로 행동했다. 공동창업자인 에드 캣멀에게 전권을 위임하고 일절 간섭하지 않았다. 실제 그와 가장 친했던 친구 두 명은 잡스의 성공 이유에 대해 상반되게 이야기한다. 오라클의 CEO인 래리 엘리슨은 그의 '천재성에 더해 통제광적인 기질'을 들었다. 반면 에드 캣멀은 그가 '친절하고 공감하는 데 뛰어났으며 영화감독들을 믿고 지지하는 리더십'을 보였다고 말한다.

잡스가 '두 얼굴'을 보여준 이유는 명백하다. 자신이 잘 아는 분야에서는 작은 디테일까지 직접 관여했지만, 잘 모르는 분야에서는 경청하고 위임했다. 그는 권력은 철저하게 역량에서 비롯되는 것임을 몸소 보여주었다.

지금 기업들이 추구하는 조직의 모습도 이렇다. 역량 있는 사람이 목소리를 내고 의사결정권을 가진다. 리더가 자신이 잘 모르는 분야에서는 실무자에게 의사결정 권한을 내주는 것이 당연하게 받아들여진다. 어쩌면 과거 '직급이 깡패'였던 조직보다 훨씬 더 살벌할 수 있다. 개개인이 각자의 역량과 기량을 높이기 위해 부단히 노력해야 하기 때문이다. 현재에 '안주'하는 것을 경계하고, 탁월함을 향해 계속 '성장'해 나가야 하기 때문이다.

셋째, 원칙에 예외를 두지 않는다

과거 위계조직에서는 상하 구분이 뚜렷했다. 우선 공간부터가 달랐다. 직급이 높아질수록 책상이 커졌다. 직장인의 꽃이라 불리는 임원이 되면 별도의 방이 주어졌다. 주차 공간도 엘리베이터도 임원 전용이 있어 아래 구성원들과 동선도 달랐다. 공간이 권력의 차이를 여실히 드러냈다. 호칭은 어떤가. '사원-대리-과장-차장-부장' 자체가 이미 수직적이었다. 직급별 공유되는 정보에도 차등을 두었다. 이유는 명확하다. 권위의 원천이 다름 아닌 '사람'이었기 때문이다.

그런데 미래조직은 다르다. 권위의 원천을 사람에 두지 않고 '원칙'에 둔다.

국내 어느 글로벌 기업의 일화다. '일하기 좋은 기업' 상위권에 랭크되는 이 회사는 수평적인 문화를 강조하며 복지에도 차등을 두지 않는다. 임직원들이 이용하는 주차 공간이 부족해지자 이들은 복불복福不福 제비뽑기로 자리를 배정했다. 그런데 문제는 대표가 '불복'에 걸린 것. 그래도 명색이 대표인데 회사에 차도 댈 수 없는 상황을 받아들였을까? 당연하다. 회사가 원칙을 세웠으면 그게 누가 됐든 예외를 두지 않아야 그 원칙이 바로 설 수 있기 때문이다. 이 회사는 정보도 내부 구성원 모두에게 투명하게 공개하는 것을 원칙으로 한다. 물론 신사업과 같은 특급 기밀은 정보 유출의 리스크가 없지 않다. 그럼에도 공개함으로써 전체 구성원이 누리는 이익이 크다면 정보 유출 가능성이라는 리스크를 감수한다.

넷째, 많은 시도를 한다

과거의 위계조직과 미래조직 사이에도 공통점은 있다. 바로 성과를 내야 한다는 것. 물론 그 방법은 다르다. 과거 위계조직은 '워터폴waterfall'로 일했다. 위에서 장기적 관점으로 계획을 정교하게 짜면 아래에서 차근차근 실행해 나가는 방식이다. 반면 미래조직이 성과를 내는 방법은 '애자일agile'이다. 일단 '작은 시도'를 민첩하게 실행하고 이를 통해 '더 나은 결과'를 지향해 나가는 식으로 일한다. 완벽보다는 실행을 우위에 두고, 실패에서 교훈을 얻으며 계속 개선해 나간다.

그 과정에서 가장 중요한 것은 '포스트모텀postmortem 문화'다. 사람이 죽고 나면 사후 부검을 하듯이, 실패를 낱낱이 뜯어보며 배움을 축적해 나가는 식이다. 과거 위계조직이 실패를 대하는 자세가 '문책問責'이었다면 미래조직은 '문인問因'이다. 문책은 실패를 초래한 '사람'에게 포커스를 맞춘다. 하지만 문인은 왜 실패가 발생했는지, 근본 원인이 무엇인지, 앞으로 실패가 재발하지 않으려면 어떻게 해야 하는지 '시스템'에 집중한다. 결국 미래조직에서 실패는 많은 시도가 이뤄지고 있다는 '증거'이자 조직을 지탱하는 '에너지'다.

지금까지 설명한 미래조직에 동의하지 않는 사람이 있을 수 있다. 그럼에도 변화해야만 하는 상황이라면? 이 문구를 떠올려보자. "Disagree and Commit!" '동의하지 않아도 헌신한다'는 뜻이다. 아마존의 리더십 원칙 중 하나로 알려진 말이기도 하다.

이 문장은 미래조직에서 중요하게 여기는 두 개의 원칙을 내포하고 있다. 첫째, 누구에게나 조직의 의사결정에 반대할 권리가 있다. 즉, 조직의 결정이 투명하게 공유되고 구성원은 이에 대해 자신의 의견을 자유롭게 제시할 수 있어야 한다. 그런데 격렬하고 열띤 논쟁을 거치고도 결정이 뒤바뀌지 않는다면 그다음은 어떻게 될까? 둘째, 조직은 '역할 게임'을 하는 곳이다. 누구든 의사결정 역할을 하는 사람을 존중해야 한다. 의사결정에 따르는 역할이 주어졌다면 '반대는 하지만 성공할 수 있도록 돕겠다'는 자세를 취해야 한다.

만약 자신이 반대하는 결정에 대해 대화해볼 기회조차 주어지지 않는다면 '마지못해' 따라가게 될 수도 있다. 하지만 충분히 의견을 밝힐 기회가 주어졌다면 '흔쾌히' 역할 게임에 응하게 된다. 사람 심리가 그렇다.

이 책에서는 휴먼솔루션그룹이 지난 10년간 여러 다양한 리더십 교육과 조직문화 워크숍, 조직코칭을 통해 '애자일'하게 다듬어온 미래조직이라는 방향성에 대해 구체적으로 풀어놓았다. 1장에서는 조직문화의 전제가 되는 조직철학, 2장에서는 조직문화에서 추구해야 하는 다양한 가치들, 3장에서는 일하는 방식을 다뤘다. 이 책이 지금 조직문화의 변화를 꾀하는 많은 기업들에 작은 길잡이 역할을 할 수 있기를 바란다.

차례

Part 1.

조직철학

뛰어난 조직을 만드는 철학

Part 2.

조직문화

문화는 사람들이 함께하는 매 순간의 총합이다

Part 3.

일 관리

새로운 시대에 효율을 내는 14가지 업무법

PART 1

조직철학

뛰어난 조직을 만드는 철학

뛰어난 조직문화를 만들기 위해서는 결국 리더의 철학이 훌륭해야 한다. 업의 본질을 정의하고 조직의 근본 원리를 세우는 것 모두 리더의 역할이기 때문이다. 결국 뛰어난 철학을 가진 리더가 뛰어난 조직을 만든다. 우리 조직이 하는 일이란 무엇이고 그 속의 관계는 어떠해야 하는지, 나아가 우리는 어떤 조직이 되고자 하는지, 리더가 끊임없이 시대와 교감하며 좋은 철학을 정립할 때 뛰어난 조직이 만들어진다. 1장에서는 뛰어난 조직을 만들기 위해 갖춰야 할 철학에 대해 이야기해보자.

과거와는 완전히 다른
조직문화가 온다

리더는 더 이상 철인哲人이 아니다

새로운 조직문화에 대한 기업들의 관심이 늘었다. 어떻게 해야 확대된 언택트 환경에서도 높은 성과를 내는 문화를 만들 수 있을까? 어떻게 해야 과거 줄 세우기식의 평가 문화가 아니라 개개인의 성장을 도모하는 문화로 바꿀 수 있을까? 어떻게 해야 상시 피드백 문화를 정착시킬 수 있을까? 어떻게 해야 수평적인 문화를 만들 수 있을까? 다양한 조직문화 이슈가 폭발적으로 늘었다.

이전과는 완전히 다른, 새로운 조직문화가 요구되는 이유는 뭘까?

첫째, 철인의 종말 때문이다. '철인!'이라고 하면 뭐가 떠오르는가? 28호? 아니다. 플라톤이 떠올라야 한다. 그는 《국가》라는 책에서 사회의 계급을 세 가지로 나눈다. 가장 위 계급은 머리, 한마디로 통치자다. 다음은 가슴, 수호자다. 가장 아래는 배, 생산계급이다. 플라톤은 각 계급마다 요구되는 미덕virtue이 있다고 주장했다.

머리는 통치를 잘하기 위해서 지혜가 요구된다. 가슴, 즉 국가를 지키는 계급은 용기가 필요하다. 마지막이 문제다. 배에 해당하는 생산자에게는 어떤 덕목이 요구될까? 근면? 성실? 이런 것을 떠올리겠지만 정답이 아니다. 생산자는 절제가 필요하다는 게 플라톤의 주장이다. 참고 욕심내지 말라는 얘기는 가장 힘없는 계급에게 예나 지금이나 요구되는 덕목인가 보다. 플라톤은 이 세 가지 덕목이 조화를 이루는 것을 정의justice라고 정의definition내렸다.

문제는 지금부터 시작된다. 옛날에는 머리가 그럭저럭 제대로 작동했다. 하지만 요즘은 아니다. 과거에는 비교적 답이 명확했다. 조금 더 교육받은, 조금 더 넓은 세상을 경험했던 지배계급이 비교적 정답을 잘 찾아냈다. 하지만 요즘은 그런 걸 기대하기어려울 만큼 세상이 복잡해졌다.

극도로 불확실하고 복잡해진 세상

리더들이 답을 못 찾고 헤매는 것은 그들만의 탓이 아니다. 세상 탓이다. 요즘은 리더가 답을 내리기에는 너무나 변동성이 크고Volatility, 불확실하고Uncertainty, 복잡하고Complexity, 애매모호한 Ambiguity 시대다.

아무리 교육을 많이 받고, 넓은 세상을 경험하고, 많은 정보를 가진 리더라도 2020년에 세계적인 역병이 돌 것이라 예측한 사람은 없었을 것이다.

이처럼 기존의 지식, 상식이나 경험만으로는 예측할 수 없는 많은 변화가 벌어지는 시대다. 이는 마치 과거 학력고사에서 좋은 점수를 받았던 아빠가 요즘 아이들에게 대학 잘 가는 법을 알려줄 수 없는 것과 같은 이치다. 그러기에 요즘의 입시제도는 너무나 다양하고 복잡하고 변수가 많다.

철학이 다른 MZ세대의 등장

옛날의 조직문화, 즉 똑똑한 소수의 리더가 다수의 평범한 구성원들을 이끌고 가는 방식이 작동하지 않는 마지막 이유는 이것이다. 플라톤이 말한 3단계 계급의 맨 아래에 있는 사람들이 예전

같지 않다. 한마디로 '말을 안 듣는다!'

예전에는 위에서 까라면 깠다. 아니, 적어도 까는 척이라도 했다. 그런데 요즘 친구들은 물어본다. "왜요? 왜 제가 해야 하는데요?" 한마디로 철학이, 삶에 대한 태도가, 씨가 다른 세대다. 이른바 'MZ 세대'의 등장이다.

세대학자들은 MZ세대의 첫 번째 특징으로 '나 중심성'을 꼽는다. 미국의 〈타임〉지는 그래서 MZ세대를 아예 'Me Me Me 세대'라고 명명했다. MZ세대가 이런 특성을 갖게 된 데에는 부모 세대의 영향이 크다. 이들의 부모인 베이비부머 세대는 자녀들을 귀하게 키웠다. 어느 세대보다 학력이 높은 베이비부머들은 끊임없이 자녀에게 물어보고, 선택권을 주고, 존중해줬다.

MZ세대가 자기중심성이 강한 데는 인터넷의 발달도 한몫했다. 어릴 때부터 똑같은 정보를 접하고 자란 사람들은 사고나 행동이 비슷하다. 하지만 MZ들은 어릴 때부터 인터넷에서 워낙 다양한 정보를 접했다. 그만큼 생각도 다양하고 주관도 확실하다. 이는 마치 정보가 통제된 독재국가의 국민들은 생각이 비슷한 반면, 다양한 정보를 접한 자유국가의 사람들은 가치관이 다양하고 개성이 뚜렷한 것과 같은 이치다.

MZ세대를 특수한 집단으로 치부하기에는 이미 이들이 회사의 주축이 되고 있다. 국내 경제활동 인구 중 절반에 가까운 44.6

퍼센트(2020, 통계청)에 이르고, 주요 기업 구성원의 60퍼센트를 차지하는 것으로 추산된다. 이제 이들은 조직에서 자신들의 목소리를 확실히 내고 있다. 성과급이 공정하지 않다고 생각하면 과거처럼 술자리에서 토로하고 그치지 않는다. 전사 이메일을 통해 의문을 제기하고 정보를 요청한다. 고성과자에게 지급하는 복지가 사내 의견 수렴이나 사전 공지 없이 진행됐다며 거세게 반발도 한다. 뭔가 미심쩍은 부분이 있다면 확실한 답을 듣기 위해 창업자도 CEO도 '사내 청문회'로 소환한다. 이제는 'MZ세대의 반란', '회사에 회초리 드는 MZ세대'라는 자극적인 뉴스 헤드라인이 생경하지 않을 정도다.

정리해보자. 세상이 달라졌다. 리더는 더 이상 정답을 맞춰왔던 철인이 될 수 없다. 그러기에는 세상이 너무나 복잡해졌다. 구성원도 옛날처럼 말 잘 듣던 사람들이 아니다. 어릴 때부터 많은 정보와 지식을 접해 아는 것도 많고 주관이 뚜렷하다.

시대가 바뀌고 세대가 바뀌었다. 결국 남은 건 선택이다. 이전과 똑같은 방식으로 조직을 이끌 것인가? 아니면 새로운 문화를 우리 조직에 이식할 것인가? 답은 정해져 있다. 과거의 낡은 조직문화로 새로운 시대에 맞서겠다는 생각은 너무도 용기 있지만, 어리석은 선택이다.

조직문화도
본질이 전부다

욕쟁이 할머니 식당에 가는 이유는?

지방 출장을 갔다. 허기진 배를 채우러 생전 처음 와본 시내를 돌아다니다 마침 눈에 띈 강렬한 이름의 간판. 욕쟁이 할머니집! 기대 반 호기심 반으로 문을 열었다. 저녁 시간인데도 10개 남짓한 테이블 중 절반 이상은 비어 있다. 대충 훑어보니 순댓국을 먹는 분위기. 욕쟁이 할머니로 추정(?)되는 그분이 다가왔다. 가슴이 뛰었다. 역시 말투가 남달랐다. "순댓국이지?" 반말! 고객에게 사랑한다고 외치는 과잉 친절이 넘쳐나는 요즘, 색다른 경험이다. 기다리던 순댓국이 왔다. 한입 뜨는 순간! 와, 이건 뭐지?

실망스러운 맛이다. 다대기, 들깨, 새우젓 등 모든 '심폐소생술'을 동원했지만 맛을 소생시키지 못했다.

우리가 군이 욕쟁이 할머니 집을 내 발로 찾아가는 이유는 뭘까? 이에 대한 답이 바로 '본질'이다. 본질이란 존재론적 화두다. 사건이나 현상의 근원적 이유이기도 하다. 욕쟁이 할머니 집을 가는 근원적 이유는 단순하다. 욕설과 불친절을 감수하고도 찾을 만큼 음식이 맛있을 것이라는 기대감 때문이다. 정말로 욕이 듣고 싶어서 욕쟁이 할머니 집을 찾아가는 마조히스트 성향의 사람은 흔치 않다.

살릴 수 있습니까? vs. 책임질 수 있습니까?

〈낭만닥터 김사부〉라는 드라마 얘기를 하려 한다. 상황은 이렇다. 교통사고가 나서 의식 불명 상태의 환자가 도착했다. 그런데 하필, 환자가 국방부 장관. 게다가 지병 때문에 지혈이 어려워 수술마저 쉽지 않은 상황에 김사부가 수술 준비를 한다. 잘 살려내기만 하면 미디어에서 영웅으로 만들 준비가 된 상태. 그런데 병원 내 미운털이 박힌 김사부의 공을 가로채기 위해 박민국 교수라는 유능한 의사가 파견됐다. 이때 환자에게 위급 상황이 닥쳤다. 그 환자를 누가 맡을 것인가를 놓고 벌어진 두 사람의 갈등.

박민국 교수가 소리친다. "장관님의 수술이 잘못되면 책임질 수 있습니까?" 이 질문에 대해 김사부가 되묻는다. "'살릴 수 있겠습니까?'라고 물어야지!" 이 호통에 박민국 교수는 할 말을 잃는다.

'책임질 수 있습니까?'와 '살릴 수 있습니까?' 의사가 해야 할 말은 뭘까? 환자의 병을 치료해 사람을 살리는 게 의사라고 생각하면 답은 쉽다. 결국 내 일이 달성해야 하는 '본질'이 무엇인지에 집중하면 많은 문제가 해결된다.

조직도 마찬가지다. 일할 때는 "이 일이 성과가 나도록 잘 마무리할 수 있겠습니까?"라고 물어야 한다. 하지만 안타깝게도 많은 조직에서 이렇게 질문한다. "잘못되면 책임질 수 있어요? 당신 부서가 수습할 수 있습니까?"

회사가 후질수록 의전만 빛난다

기업의 존재 이유는 뭘까? 돈을 벌기 위해서? 아니다. 돈은 결과물이다. 결국 기업은 고객에게 '가치value'를 주기 위해 존재한다. 편안함(가구회사), 즐거움(게임회사), 멋(패션회사) 등과 같은 가치를 제공하고 그 대가로 돈을 버는 게 기업이다.

경영학에서는 회사가 존재하는 이유를 그 기업의 미션mission이라 부른다. 어떤 제약회사는 '질병으로부터 인간을 구한다'는 미션을, 어떤 컨설팅회사는 '고객의 비즈니스 성공을 돕는다'는 미션을 갖고 있다. 존재의 이유가 먼저 정립되어야 우리 회사가 되고 싶은 끝 그림vision, 우리 회사에서 지켜야 할 원칙core values이 정립된다는 게 경영학자 짐 콜린스의 주장이다.

아마존의 제프 베이조스는 "앞으로 10년 동안 뭐가 달라질까?"보다 훨씬 더 중요한 질문이 있다고 말한다. 바로 "앞으로 10년 동안 뭐가 달라지지 않을까?"라는 질문이다. 10년 뒤에도 소비자들은 여전히 싸게 살 수 있고, 빨리 배송해주고, 다양한 서비스가 있는 아마존을 원할 것이라는 얘기다. "오랜 시간이 지나도 변하지 않을 본질을 알고 있다면, 회사는 거기에 모든 에너지를 쏟아야 한다"는 게 베이조스의 철학이다.

잘되는 회사와 안되는 회사의 차이가 이것이다. '본질에 집중하느냐 집중하지 않느냐.' 잘되는 회사는 구성원을 판단할 때도 '고객에게 가치를 줬느냐'를 기준으로 한다. 안되는 회사는 구성원을 판단할 때 '상사의 기분을 잘 맞춰줬는가'를 기준으로 한다. 그래서 이런 말이 있다. '조직이 후질수록 의전만 빛난다.' 본질이 명확히 정립되지 않은 조직일수록 부차적인(비본질적인) 기준으로 사람을 평가한다.

복잡한 세상이다. 경쟁은 더 치열해지고 있다. 돌파구는 뭘까? 결국 '다시 기본으로back to the basic'다. 복잡할수록 단순하게 생각해보자. 사람들은 왜 식당에 갈까? 사람들은 왜 이 제품을 이용할까? 여기에 대한 답이 바로 '본질'이다. 본질에 집중하는 조직 문화가 성과를 만든다.

조직문화는
리더가 만든다

새로운 조직문화를 만들기 위해 가장 중요한 역할을 해야 할 사람은 누구일까? 구성원 모두? 결단코 아니다. 답은 '리더'다. 조직문화는 원래 톱다운top-down으로 만들어진다. 만약 조직문화가 보텀업bottom-up으로 만들어진다면? 그건 혁명이다.

미래에 성과를 낼 수 있는 조직문화를 만드는 첫 번째 책임은 그래서 리더에게 있다. 그러므로 리더의 생각부터 달라져야 한다.

열린 마음이 전제다

TV 토론을 본 적 있는가? 100분 토론, 시사토론, 대통령 후보자 간 토론, 시장 후보자 간 토론. 수많은 TV 토론을 봤지만 시청하고 난 뒤의 뒷맛은 그리 감동적이지도, 깔끔하지도 않다. 물론 토론회에 참석한 패널들은 우리 사회를 대표하는 지성인이자 리더다. 서로 간의 공격은 날카롭다. 내 주장을 강화할 수 있다면 상대의 폐부를 찌르는 모진 발언도 서슴지 않는다. 수비 역시 차돌처럼 단단하다. 불리하다 싶으면 또 다른 상황 논리를 만들어 약점을 비껴간다. 양측 모두 똑똑한 건 알겠는데, 뭔가 허전하다.

TV 토론이 헛헛한 이유는 그들이 열린 마음을 갖고 소통하지 않기 때문이다. 상대의 주장을 들은 뒤 '내 생각, 내 믿음이 틀린 건 아닐까? 상대의 논리에서 내가 받아들일 점은 없는가?' 상대의 주장을 통해 자신을 치열하게 돌아보는 '자기 검증'과 '자기 의심'이 없다.

그렇다면 '열린 마음'이란 도대체 뭘까? 한 문장으로 정의하면 '내가 틀릴 수도 있다'는 생각이다. 내가 상대보다 나이도 많고 직급도 높고 경험도 많고 사회적으로 더 성공했더라도, 나 역시 얼마든지 틀릴 수 있다고 전제하는 마음 상태다.

소유편향을 버려야 리더가 산다

어떤가? 리더로서 열린 마음을 갖기가 쉬운가? 그렇지 않다.

심리학에서는 그 이유를 '소유편향endowment bias' 때문이라 설명한다. 소유편향이란 한마디로 '내 것', 특히 '내 생각'에 대해 갖는 근거 없는 확신을 뜻한다.

심리학자들이 이런 실험을 했다. 길거리에 5000원짜리 복권을 떨어뜨려 누군가가 줍게 만든다. 이때 실험자가 복권을 주운 사람에게 다가가 제안한다. "1만 원 드릴 테니 그 복권을 제게 파시죠." 결과는 어땠을까? 대부분 팔지 않는다. 1만 원에 판 후 복권 두 장을 사는 것이 훨씬 더 논리적으로 지혜로운 선택이지만, 사람들은 자신이 지금 소유한 복권이 큰 금액에 당첨될 확률이 높은 특별한 복권이라는 확신을 갖고 있는 셈이다. 심리학자들은 주식 손절매가 어려운 이유도 같은 원리라고 설명한다. 다른 주식은 다 떨어져도 내 주식은 오를 것이라는 근거 없는 확신!

소유편향에 빠진 리더의 회의 장면을 상상해보자. 일반적으로 성공에 대한 추억이 많은 리더일수록 소유편향에 빠지기 쉽다. 지금까지 내 생각대로 해서 실패한 경험이 별로 없기 때문이다. 그는 부하 직원들이 아무리 좋은 아이디어를 쏟아내도, 내 머리에서 나온 아이디어가 훨씬 더 좋다고 느낀다. 부하 직원들을 상대로 한 일방적인 설득과 지시가 이어진다. 왜 리더인 나의 말이 옳은지.

집단사고를 버려야 조직이 산다

이런 일이 반복되면 어떻게 될까? 마침 운이 좋아 리더의 판단이 모두 옳은 것으로 나중에 판명됐다. 이때부터 진짜 문제가 발생한다. 부하 직원들은 리더가 회의 때 무슨 말을 해도 그 말에 '토'를 달지 않는다. 리더의 판단이 맞을 것이라는 '믿음 반', 아무리 말해봤자 리더의 생각이 바뀌지 않을 것이라는 '예상 반' 때문이다. 이러다 보면 회의 때 '진짜 토론'이 사라지고 잘못된 결정을 내리는 경우가 발생한다.

이런 현상을 심리학자들은 집단사고groupthink라 부른다. 한마디로 똑똑한 다수가 모여 멍청한 의사결정을 내리는 현상이다. 1961년 존 F. 케네디와 그의 보좌관들이 실행한 쿠바 피그만 침공 사건, 1972년 닉슨의 워터게이트, 1986년 미국 나사의 챌린저호 폭발 사건 등이 집단사고의 영향을 받은 대표적인 사례. 피그만 침공 당시 케네디 정권은 작전이 무조건 성공할 것이라는 믿음으로 CIA의 잘못된 정보와 황당한 전략에 누구도 이의를 제기하지 않았고, 그 결과 쿠바의 카스트로 정권을 붕괴시키기는커녕 이후로 많은 조롱과 수모를 겪었다. 워터게이트 사건도 마찬가지다. 닉슨 대통령의 참모들은 집단사고의 틀에 갇혀 민주당 불법 침입과 도청의 증거를 인멸하도록 지시했다. 그 결과 도청

자체보다 은폐가 더 심각한 문제가 돼 닉슨은 역사상 최초로 대통령직에서 스스로 물러나는 비극을 맞았다. 전 세계인을 희망과 기대로 넘치게 했다가 불과 73초 만에 충격과 슬픔에 빠뜨린 챌린저호 폭발 사건도 그렇다. 내부의 한 경험 많은 기술자의 문제 제기는 미션이 꼭 성공해야 한다는 관리자들의 잘못된 믿음에 막혀 철저히 묵살됐다.

새로운 조직문화를 만들고 싶은가? 구성원들이 두려움 없이 의견을 내는 조직문화를 기대하는가? 리더로서 의사결정의 오류를 줄이고 싶은가?

이걸 원하는 리더에게 필요한 것은 하나다. 열린 마음, 즉 '내가 틀릴 수도 있다'는 생각이다. 이 생각이 있어야만 조직 내에서 '진짜 토론'이 이뤄지고 의사결정의 오류를 줄일 수 있다. 어떤가? 열린 마음을 가로막는 소유편향으로부터 당신은 얼마나 자유로운가? 집단사고에서 당신의 조직은 얼마나 자유로운가?

우리 조직은
수평적인가?

'니나 내나'라는 경상도 사투리를 아는가? 서울말로 '번역'하면 '너나 나나 똑같다' 뭐 이런 뜻이다. 이는 미래에 성과를 내는 조직에 필요한 인간관이기도 하다. 한마디로 사람을 수평적으로 인식하고 대우하는 원칙을 뜻한다.

만적정신 vs. 신 콤플렉스

만적! 고등학교 국사책에 나오는 이름이다. 고려 무신정권 시기 무신 최충헌의 노비였던 그는 1198년 난을 일으킨다. 그의 주장은 이거다. "왕후장상의 씨가 처음부터 따로 있을까 보냐. 왜 우리만 상전의 매질을 당해가며 뼈가 빠지게 일만 해야 하는가!"

당시로서는 혁명적인 발상이다. 하지만 요즘 조직에서는? 이런 생각 없이는 리더십도 조직문화도 제대로 작동할 수 없다. 한마디로 요즘 리더들이 가져야 할 필수 정신이 바로 이 '만적정신'이다.

만적정신의 대척점에 존재하는 마음가짐이 있다. 바로 신 콤플렉스God complex다. 이는 자기가 남들보다 우월한 존재라고 생각하고 자신의 판단이 다른 사람보다 항상 옳다고 믿는 증상을 뜻한다.

신 콤플렉스에 빠진 리더는 몇 가지 징후를 드러낸다. 우선 판단judgment의 언어를 즐겨 쓴다. 상대의 눈을 똑바로 쳐다보며, "당신은 이기적이야", "당신은 리더십이 없어"라는 판단의 말을 쉽게 내뱉는다. 신이 인간을 심판하듯, 상대의 본질을 심판하는 게 리더의 의무이자 권리라고 믿는 셈이다. 누군가(리더)에 의해 나(구성원)의 본질이 낙인찍히는 일은 인간이 경험할 수 있는 가장 불쾌한 것 중 하나이다. 유능한 구성원일수록 자존감이 강한 법. 결국 신(리더)을 떠나게 된다. 시간이 지나 리더의 주변에는 그를 숭배하거나 두려워하는 '졸병'들만 남게 된다.

신 콤플렉스의 또 다른 징후는 리더가 권위를 지키는 데 지나치게 목을 매는 것이다. 리더의 말이 마치 성서의 구절처럼 신성화되고, 이를 지키지 않는 사람은 마치 교리를 어긴 죄인 취급을 받는다. 회의 테이블에서는 단 '한 분'의 말씀이 주를 이룬다. 당연히 반대 의견은 상상할 수 없다. 더 나은 결론을 도출하기 위한 리더와 구성원 간의 건설적이고 활기찬 대립은 존재하지 않는다. 비판을 수용하지 않는 게 신 콤플렉스의 특징이기 때문이다.

신 콤플렉스가 말기에 접어들면 리더는 자기의 판단이 사회의 일반적 상식이나 규칙보다 상위에 있다고 믿게 된다. 그 결과 사회가 정한 법이나 규칙을 우습게 여긴다. 높은 자리에 오래 앉아 있던 사람일수록 유독 탈법과 불법이 많은 것도 심리학적으로 분석해보면 이런 이유 때문이다.

형식이 내용을 지배한다

그렇다면 어떻게 이 중증 병을 극복할 수 있을까? 결국 생각으로 발생한 문제는 생각으로 풀어야 한다. 리더와 구성원은 맡은 역할, 권한, 책임, 보상만 다를 뿐 나머지는 동일한, 존재만으로도 존중받을 가치가 있는 '똑같은 인간'이다. 이런 믿음을 가질 때 리더는 신 콤플렉스에서 자유로울 수 있다.

사람은 옷걸이다. 권력(직함)은 옷이다. 옷걸이는 변하지 않는 본질이다. 옷걸이에는 때로는 비싼 옷을, 때로는 싸구려 옷을 건다. 불행은 비싼 옷을 건 옷걸이가 자신이 비싼 존재라고 착각하면서 시작된다. 옷과 옷걸이를 구분하는 지혜가 필요하다.

생각을 바꿨으면 환경(분위기)을 설계하는 것도 중요하다. 방법은 쉽다. 우선 공간부터 바꿔야 한다. 회의나 회식 때 리더 전용 상석부터 없애야 한다. 사무실도 굳이 화려한 독방일 필요가 없다. 임원 전용 주차공간 역시 뇌를 권력에 취하게 만든다. 내가 뭔가 특별한 사람 같은 착각을 준다.

칸트는 말했다. "형식이 내용을 지배한다"고. 직급과 상관없이 서로 존댓말을 쓰는 것도 방법이다. 어차피 사회에서 만난 성인들이기 때문이다.

이처럼 의도적으로 리더가 스스로 어깨의 힘을 빼다 보면 리더를 바라보는 구성원들의 눈에서도 긴장이 풀린다. 이러면서 '만적정신'이 조직 내 스멀스멀 스며든다.

서로가 서로를 바라보는 눈빛에서 힘이 빠질수록 그 조직은 더 부드러워진다. 생각의 교류가 많아진다. 심리적 안전감 psychological safety을 느끼며 업무의 본질에 집중한다. 그게 바로 우리가 가야 할 미래의 조직문화다.

PART 2

조직문화

문화는 사람들이 함께하는
매 순간의 총합이다

뛰어난 조직철학이 있어야만 뛰어난 조직문화가 나온다는 것은 누구나 알지만, '조직철학'이라는 말은 다소 막연하게 느껴진다. 어떤 조직철학, 즉 구체적으로 어떤 가치와 미덕이 넘쳐흐르는 조직문화가 좋은 것일까? 우호적이면서도 태만하지는 않은, 안정감과 발전적인 긴장감 사이의 적정선은 어디일까? 이에 대한 답으로 2장에서는 오늘날의 조직이 갖춰야 할 15가지 상을 통해 조직에 반드시 필요한 가치들을 고민해본다.

유능한 리더는
'왜'라는 질문에 집착한다

자부심이 있는 문화

"집세 내주는 직장을 위해!To jobs that pay the rent!" 영화 〈악마는 프라다를 입는다〉에서 주인공이 한 대사다. 생계를 위해 자신이 '쓸데없는 산업'이라고 무시하던 패션잡지사에 취직해서, 친구들의 취업 축하 자리에서 한 건배사다.

모든 직장인의 공통된 꿈은 다름 아닌 '퇴사'라고 한다. 격하게 공감이 되면서도 슬픈 현실이다. 물론 퇴사 자체를 꿈꾼다기보다 '뭔가 더 신나게 할 수 있는 일'을 꿈꾼다는 표현이 더 적절할 것이다. 구성원 입장에서는 회사에 나오는 게 너무 따분하고 싫지만 대책도 없이 관둘 수는 없다. 집세도 내야 하고 생활비도 급하기 때문이다. 하지만 지금 하는 일의 의미도 모르겠고 재미도 없으니 몰입하기가 쉽지 않다. 그러다가 '자기가 하고 싶은 일'을 하며 사는 사람을 보면 '부럽다'는 생각이 떠나질 않는다.

이런 구성원에게 필요한 것은 무엇일까? 그렇다. 내적동기 intrinsic motivation다. 밥벌이를 위해, 목구멍이 포도청이라, 어쩔 수 없이 일하는 것이 아니라 일 자체에서 즐거움을 느낄 수 있어야 한다. 물질적 보상이라는 외적동기extrinsic motivation만 있는 일은 그냥 '생업'이다. 반면 진짜 좋아하는 일은 '천직'이다. 그럼 리더는 어떻게 해야 할까? 구성원의 일을 '괴로운 밥벌이'인 생업에서 '행복한 밥벌이'인 천직으로 바꿔주려면 무엇을 해야 할까?

존재의 이유, '미션'을 알려줘라

첫째, 존재 이유인 '왜Why'를 알려줘라! 고성과자들은 자신의 일에 강한 '의미'를 느낀다는 연구결과가 있다. 즉 '회사에서 일함으로써 돈을 버는 것만이 아니라 사회에 기여하고 있다'고 여긴다는 것. 한번 상상해보자. 제약회사에는 영업사원들이 있다. 한 사람은 '자신에게 할당된 목표 매출을 달성하기 위해 병원을 방문한다'고 생각한다. 다른 한 사람은 '의사들이 좋은 의약품을 선택해서 환자들의 고통을 하루빨리 없애주도록 돕기 위해 병원을 방문한다'고 생각한다. 어느 쪽이 더 좋은 성과를 낼까? 당연히 후자다. 숫자를 맞추기 위해 '억지로 하는 일'이 어떻게 의미를 알고 '신이 나서 하는 일'을 이길 수 있겠는가? 그렇다면 조직은 구성원의 일이 본인뿐 아니라 조직과 사회에 가치 있다는 것을 알게 해줘야 한다.

그렇다. 바로 '우리가 존재하는 이유', 즉 미션mission을 알려줘야 한다. '왜 우리는 이 일을 하고 있고, 왜 우리가 있어야 하는가'에 대한 답을 제대로 찾아 일깨워줘야 한다. 미국의 한 항공회사에서는 비행기 엔진 청소를 담당하는 부서의 구성원들이 모두 파란색 외과 수술복을 입고 일한다. 이유가 뭘까? 그들은 '비행기의 심장'인 엔진을 청소하는 사람들이기 때문이다. '비행기의 심장을 담당하는 의사'로서 미션을 수행하고 있는 것이다. 마찬가지로 미용실은 단지 '머리를 다듬는 곳'이 아니라 '고객의 감춰진 아름다움을 찾아 그들에게 자신감과 행복을 만들어주는 곳'이라고 새롭게 정의 내릴 수 있다. 균일가로 저렴한 생활용품을 파는 가게는 그냥 '저가 숍'이 아니라 '생활 물가 지킴이'가 될 수 있다. 세계적인 거대 기업도 마찬가지다. 계속해서 사업 확장을 하고 있는 아마존은 '고객이 온라인에서 구매하고 싶은 모든 것을 발견할 수 있게 해준다Everything Store'는 미션을 내세운다. 이 미션 덕분에 아마존은 소매 생태계를 파괴한다는 비난에도 꿋꿋이 구성원들의 자부심을 지켜내고 있다.

구성원이 스스로 깨닫게 하라

둘째, 직접 깨닫게 하라! 열 마디 말보다 한 번 보는 편이 더 나은 법. '나는 그리고 우리는 왜 이 일을 하는가'를 경영자나 리더들이 주입하기보다는 구성원들이 몸소 체험하게 하는 편이 더 효과적이다. 이와 관련된 실험도 있다. 대학 동문들에게 전화를 걸어 후원금을 모으는 일을 하는 사람들이 있다. 이들이 전화를 돌리면서 얼마나 많은 냉대를 받을지는 쉽게 짐작할 수 있다. 시간이 흐를수록 자신이 하는 일이 점점 싫어질 게 뻔하다. 그런데 이들에게 실제 장학금을 받은 학생들을 만나는 자리를 마련해주었다. 학생들이 자신이 모은 후원금 덕분에 얼마나 도움을 받았는지, 그로 인해 인생이 어떻게 바뀌고 있는지 직접 듣게 한 것이다. 결과는 어땠을까? 모금 액수가 몇 배나 늘어났다고 한다. 이전에는 자신의 일이 '하찮은 전화 돌리기'에 불과했지만 수혜자를 만나는 순간 '보람되고 가치 있는 일'로 변했기 때문이다.

리더는 어떻게 하면 구성원들이 우리가 하는 일의 수혜자(대개는 고객)의 목소리를 직접 듣게 해줄 수 있을까를 고민해야 한다. 우리 조직의 열성 팬들을 모아 그들에게 감사 인사를 전하는 동시에 구성원들과의 만남을 기획해볼 수 있다. 또 작게는 고객의 이메일을 구성원들에게 공유할 수도 있을 것이다.

일상적으로 맥락을 밝혀라

셋째, 일상적으로 맥락을 밝혀라! '조직의 존재 이유'로 동기부여하기에는 너무 거창하다고? 일상적인 업무 상황에서 그런 거창한 의미와 가치를 어떻게 매번 강조할 수 있겠냐고? 맞다. 조직의 존재 이유는 '잊어버릴 때쯤' 한 번씩 일깨워주면 된다. 대신 일상에서 구성원들의 내적동기를 자극할 수 있도록 리더의 업무 지시 원칙을 바로잡아야 한다.

어떻게 하면 될까? 일을 지시할 때 맥락을 반드시 알려주는 문화를 만드는 것이다. 가령 인턴사원에게 대량의 복사 업무를 시킨다고 가정해보자. 아무런 앞뒤 설명 없이 "이 서류 500부 복사 부탁합니다"라고 말한다면 지시를 받는 사람은 '정말 귀찮고 하찮은 일을 맡았구나'라고 생각할 것이다. 하지만 "이 서류는 우리 회사에 투자를 결정할 사람들에게 중요한 정보를 제공하기 위한 자료입니다. 500부 복사 부탁합니다"라고 일의 맥락을 알려주면 어떤가. 같은 일을 하더라도 마음가짐이 달라진다.

구성원의 자존감이 높아지고 낮아지는 것은 거창한 데에 달려 있지 않다. 아무리 사소한 일을 맡기더라도 업무의 큰 그림과 맥락을 알려줘야 구성원이 일하는 의미를 느끼고 '허드렛일이나 하는 사람'으로 전락하지 않는다.

세계적으로 저명한 전략커뮤니케이션 전문가인 사이먼 사이넥Simon Sinek은 '왜 이 일을 하는가'라는 질문의 중요성을 뇌과학으로 설명한다. 우리 뇌에서는 신피질이 논리적인 분석을 담당하고 변연계가 감정을 담당한다. 의사결정을 내리고 행동을 통제하는데 변연계가 큰 역할을 하는데, 이 변연계는 바로 '왜'에 의해 움직인다는 것. 그래서 다른 이의 행동을 이끌어내려면 반드시 '왜'로 '영감'을 불러일으켜야 한단다.

구성원들을 움직여야 하는 리더라면 반드시 '왜'라는 물음에 집착하자. 구성원도 고객도 모두 행동으로 답할 것이다.

피드백 잘하는 조직이
크게 성장한다

인터넷에 떠도는 이야기 중 하나다. 소개팅에 나간 어느 대학생이 상대와 서로 마음이 잘 통하는 느낌에 시간 가는 줄도 모르고 이야기꽃을 피웠다. 그런데 어찌 된 영문인지 이후 상대로부터 연락이 없다. 메시지를 보내봐도 '읽씹'이다. 마음에 짚이는 일이 하나 있다. 소개팅을 끝내고 집에 와서 보니 앞니에 제법 큰 고춧가루가 끼어 있었던 것. 순간 얼굴이 달아올랐지만 대화 분위기가 좋았기에 그냥 잊어버린 일이었다. 그런데 상대로부터 응답이 없다 보니 고춧가루가 마음에 걸렸다. 소개팅 주선자에게 확인해보니 우려가 맞았다. 상대가 자신을 향해 '좀 칠칠치 못한 사람 같아서 싫다'고 했단다. 사연 속 주인공에게 필요한 것은 무엇이었을까? 답은 간단하다. 바로 거울이다.

피드백이 없으면 성장도 없다

이에 낀 고춧가루는 거울을 보면 된다. 그러면 행동이 잘못된 건 어떻게 알 수 있을까? 가장 정확하고 빠른 방법은 다른 사람의 피드백이다. 피드백은 거울과 같은 역할을 하기에 중요하다. 문제는, 피드백은 주는 사람도 받는 사람도 불편해한다는 사실이다. 대개 사람들은 하고 싶은 말이 있어도 속으로만 생각할 뿐 상대에게 전달하지 못한다. 솔직하게 피드백하는 사람에게는 '까다롭다', '까칠하다', '부정적이다'와 같은 꼬리표가 붙기 때문이다. 또 피드백을 받는 사람이 기분 나빠하면 관계가 깨질 위험도 있다.

거울이 없다면 우리는 모두 자신의 모습을 이상화하며 살아가기 쉽다. 조직에서도 마찬가지다. 피드백이 없다면 개인은 더 나은 방향으로 성장할 수 없다. 조직에서는 각자에게 주어진 역할이 있고 그 역할을 수행하기 위해 필요한 역량이 정해져 있다. 또 역할을 떠나, 조직에서 중요하게 여기는 기본적인 자질도 있다. 하지만 이 모두를 다 갖추고 있는 사람은 없다. 그래서 함께 일하다 보면 서로 부족한 점들이 보인다. 그 부분들에 대해 서로 거울 역할을 해주어야 한다.

불행히도 저성과자일수록 스스로를 과대평가한다. 자신의 능력을 인지할 능력이 없는 것이다. 이른바 더닝크루거 효과Dunning-Kruger Effect로, '무지에 대한 무지'라고 할 수 있다. 이들에게 피드백이 없다면 성장은 그야말로 요원하다. 개개인이 성장하지 못한다면 조직도 정체될 수밖에 없다.

그래서 최고의 A급 인재들로만 조직을 꾸려나가겠다는 넷플릭스 같은 조직은 피드백을 머뭇거리거나 미적댄다면 그날이 바로 조직을 떠나야 하는 날이라며 피드백을 강조하고 또 강조한다. 피드백하지 않는 것은 회사가 성장할 기회를 그냥 지나치고 마는 불충(不忠)이라는 의미다.

'성장' 말고도 피드백이 중요한 이유는 또 있다. 바로 우리의 마음 건강을 위해서다. 눈엣가시처럼 자꾸 걸리적거리고 성가신 것을 말하지 않고 갖고만 있으면 상대에 대한 미움으로 마음이 꽉 차게 된다. 그런데 그런 마음은 상대에게도 전해진다. 이러면 양쪽 다 괜한 잡념이 생기고 업무 몰입에 방해를 받는다. 게다가 뒷말도 많아진다. 앞에서 못하니 뒤에서 이야기하고, 또 이야기를 들은 쪽에서는 비밀을 지켜주는 파벌까지 생겨난다. 조직 전체가 몰입에 방해를 받고 병들게 된다. 결과적으로 호미로 막을 일을 가래로 막게 되는 것이다.

피드백 원칙은 최대한 명확하게

가감 없이 피드백을 주고받는 솔직한 문화를 만들려면 어떻게 해야 할까? 두 가지를 챙겨야 한다.

우선 우리 조직에 어울리는 피드백 원칙을 아주 명확하게 세워야 한다.

앞서 말한 넷플릭스는 '최고가 되거나 떠나거나Best or Nothing'라는 철학으로 인재를 관리한다. 이곳의 조직문화를 한마디로 하면 이렇다. '최고의 인재가 모여, 최고의 성과를 내게 하기 위해, 최대의 자율성을 허용하되, 엄격하게 성과의 책임을 묻는다.' 그래서 이 조직에서 피드백은 서로를 최고가 되게 해주고 최고의 성과를 올릴 수 있도록 도와주는 것, 즉 '나를 위해서 해주는 말'이라는 신뢰를 바탕으로 한다.

넷플릭스는 이 철학에 걸맞게 피드백 원칙을 세웠는데 '4A'로 요약된다. 우선 피드백을 주는 사람에게 해당되는 원칙은 '도움을 주겠다는 생각으로 하라Aim to assist'와 '실질적인 행동 조치를 담아라Actionable'이다. 그리고 피드백을 받는 사람은 '감사하라Appreciate'와 '받아들이거나 거부하라Accept or discard'이다. 모든 업무 현장에서 피드백을 일상화하기 위해 피드백을 주고받는 사람 양쪽의 자세를 명쾌하게 풀어냈다.

피드백하는 사람	피드백 받는 사람
Aim to assist (도움을 주겠다는 생각으로 하라) 피드백은 비난이나 판단이 아니라 상대에게 도움을 주기 위해 해야 한다.	**Appreciate** (감사하라) 상대의 귀중한 시간을 나에게 쓴 것에 대해 고마운 마음을 표현한다.
Actionable (실질적인 행동 조치를 담아라) '그러면 안 돼'가 아니라 '이런 행동이 필요할 것 같다'라는 실질적인 행동 조치를 담아라.	**Accept or discard** (받아들이거나 거부하라) 상대의 피드백을 받아들이겠다면 감사 인사를, 받아들일 수 없다면 왜 그런지를 알리고 본인의 대안을 설명하자.

| 넷플릭스의 4A 피드백 원칙 |

　　한편 애니메이션 영화사 픽사는 제작 중인 영화를 두고 솔직한 얘기가 오가도록 하는 피드백 원칙을 갖고 있다. '픽사를 지탱하는 힘'으로 불리는 회의 '브레인 트러스트Brain Trust'의 피드백 원칙은 다음과 같다.

　　첫째, 문제 해결 중심. 판단이나 처방을 내리는 것이 아니라 문제의 진짜 원인을 찾아내 더 나은 방향으로 개선하는 데 초점을 맞춘다. 둘째, 솔직함. 자기 생각을 숨기거나 상대방을 오해하지 않고 완전히 터놓고 소통한다. 셋째, 이슈와 사람 분리. 현미경으로 볼 세상은 작품이지 감독이 아니다. 넷째, 명확한 책임. 누가 무슨 얘기를 하든 판단의 권리는 오직 감독에게 있다. 최고의 영화를 만들어내기 위해 창조적인 마찰을 촉진하면서도 영화 제작 방향성이 '산으로 가지 않게' 최종 결정 권한을 명확히 하고 있다.

이렇게 넷플릭스와 픽사의 조직문화가 다른 것처럼, 조직은 제각각 업의 특성과 문화가 다르므로 이에 걸맞은 피드백 원칙을 두어야 한다.

피드백에 관한 세 가지 오해

조직의 특성이 제각각이지만, 그럼에도 대부분의 조직에 적용될 수 있는 피드백 원칙은 있다. 피드백에 관해 사람들이 흔히 오해하는 세 가지를 통해 역으로 이를 살펴보자.

첫째, 피드백은 위에서 아래로 향하는 것만을 말하지는 않는다. 아래에서 위로, 또 동료들끼리도 가능해야 한다. 피드백은 평가하는 것이 아니라 상대의 성장을 위한 정보를 주는 것이라는 점을 기억하자.

둘째, 피드백은 한두 번의 실수를 그때그때 사사건건 물고 늘어지는 게 아니다. 실수가 누적되어서 어떤 패턴을 이루는지를 관찰해야 한다. 한 번의 실수가 아니라 일관되게 나타나는 단점을 파악해서 솔직하게 이야기하고, 함께 개선해나갈 방법을 찾아야 한다.

셋째, 피드백은 판단이 아니다. 피드백을 주는 사람이 '당신은 이기적이다, 리더로서 자질이 없다'와 같은 판단의 언어를 쓰면 안 된다. 그러면 피드백을 받는 사람은 공격당한다고 느낀다. 뇌로 따지면, 차분히 이성적으로 생각하는 전전두엽이 아니라 감정적으로 두려움을 느끼는 편도체가 활성화된다.

'확인을 위한 쇼핑shopping for confirmation'이라는 말이 있다. 내가 생각하는 나는 꽤 괜찮은 사람인데 다른 사람이 나를 평가 절하하면, 그 사람을 버리고 나를 제대로 인정해줄 수 있는 사람을 찾아 나서게 된다는 것. 이렇게 되면 피드백을 주는 사람은 상대의 변화와 개선을 기대하지만 정작 피드백을 받은 사람은 아예 등을 돌리게 될 가능성이 높다. 그래서 피드백에서는 판단의 언어(잘못됐다)를 쓰지 말고 미래 지향적인 해결의 언어(이 부분을 바꾸면 탁월해질 것이다)를 써야 한다.

구성원의 자기이해지능을 높여라

우리 조직에 맞는 피드백 원칙을 확립했다면 그다음은 구성원들이 자기 자신에 대한 이해도를 높이는 데에도 신경을 써야 한다.

'병식病識'이라는 개념이 있다. 환자 스스로 병에 걸려 있음을 깨닫는 것을 뜻하는 말이다. 병을 자각해야 고치려는 마음을 먹고 원인을 찾아 치료할 수 있기에 이는 중요하다. 조직에서도 마찬가지다. 스스로 무엇을 잘하고 무엇을 못하는지에 대한 인식만 제대로 하고 있어도 절반은 해결된다. 조직은 구성원 개인의 성향상의 강약점, 역량상의 강약점 등을 진단할 수 있는 여러 툴을 활용해 개인의 자기이해지능intrapersonal intelligence을 높이는 데 도움을 줘야 한다.

"이에 고춧가루 끼었어요"라고 말했을 때 "그걸 왜 이제서야 말해요?"라며 버럭 화를 내는 사람도 있다. 다른 사람은 다 아는데 자기만 모르고 있었다는 사실이 민망하기 때문이다. 피드백도 그럴 수 있다. 너무 늦기 전에 솔직하게 서로 얘기를 주고받는 문화가 만들어져야 한다.

개인이 성장하는 조직이
오래간다

성장하는 문화

눈을 감고 상상해보자. 당신은 40년 가까이 법조인으로서 성공한 삶을 꾸려왔다. 그런데 66세의 나이에 일을 그만두고 물리학을 공부해야 한다면 어떨까? 그것도 미국으로 유학을 떠나서 영어로 공부해야 한다면? 누구라도 '이 나이에 사서 고생할 일 있느냐'고 손사래를 칠 일이다. 그런데 이런 선택을 자발적으로 한 사람이 있다. 그는 결국 73세에 물리학 박사를 따서 신문에 보도되는 등 화제를 모았다. 주위의 만류에도 아랑곳하지 않고 결국 원하던 바를 이뤄냈다. 그를 움직인 힘이 무엇이었을까? 답은 바로 성장 욕구다.

구성원을 부품이 아닌 사람으로 바라보기

누구나 지금 수준에 머물기를 바라는 경우는 거의 없다. 안분지족은 도를 깨우친 몇 안 되는 현인에게나 어울리는 말이다. 늘 현재보다 더 나은 내가 되기를 바라며 배우고 노력한다. 특히 MZ세대는 자기계발에 목숨을 건다. 역사를 통틀어 '부모 세대보다 삶의 질이 더 나아질 것으로 기대되지 않는' 첫 세대이기 때문이다. 늘 미래에 대한 불안이 있어서 이들은 성장 욕구가 그 어느 세대보다 강하다.

그렇다면 이런 기준에서 나쁜 회사란 어떤 회사일까? 한마디로 부려먹기만 하고 구성원의 성장은 뒷전인 회사다. 회사도 성장하고 구성원도 성장해야 하는데 회사만 덩치가 커지고 구성원은 쪼그라드는 느낌을 갖게 하는 회사다. 구성원들이 오래 버티기 힘들고 또 그럴 이유도 없게 만드는 회사다. 이러면 결국에는 회사도 쪼그라들 수밖에 없다.

전문가는 말한다. 조직은 목표 중심적으로 사고하는 반면, 개별 구성원들은 경험 중심적으로 사고하는 경향이 있다고. 그래서 좋은 회사가 되려면 입사에서 퇴사까지 구성원의 생애주기 전반에 걸쳐 총체적인 경험 설계가 이루어져야 한다. 좋은 회사, 오래가는 회사가 되고 싶은가? 그렇다면 구성원을 '성과를 위한 부품'

이 아닌 '사람'으로 봐야 한다. 그의 전체 생애를 놓고 성장과 성숙에 관심을 가져야 한다. 구체적으로 어떤 것을 해야 할까?

성장 욕구를 자극하는 모델을 제시하라!

첫째, 모델을 보여줘라! 사람은 롤모델이 있을 때 성장 욕구를 현실화하기가 쉽다. 마이크로소프트MS의 CEO 사티아 나델라Satya Nadella는 성공보다 성장이 중요하다며 성장 마인드셋growth mindset을 조직의 새로운 DNA로 탑재하고자 노력한다. 그는 아예 각 조직의 매니저에게 구성원들이 바라는 롤모델이 되라고 주문한다. 매니저들이 진정성, 윤리성 등 조직이 추구하는 가치를 실천하고 성장 지향형 마인드를 행동으로 보여줘야 한다고 강조한다.

많은 기업들이 운영하는 멘토링 제도 또한 비슷한 맥락이다. 그중 모 금융회사에서는 멘토링과 육성을 연계한 여성 인재 육성 프로그램을 운영하고 있다. 우선 사내 여성 본부장, 부서장을 선발해 이들에게 리더십 역량 강화를 위한 그룹 멘토링, 유명 리더의 특강, 네트워크 확장 지원 등 다양한 프로그램을 제공한다. 이 프로그램을 졸업하고 이후 임원으로 승진한 졸업생은 다음번 프로그램의 멘토로 다시 활동하게 한다. 이런 독특한 프로그램을 진행한 결과 이 회사는 수년간 꾸준히 차기 여성 리더를 배출하고 또 그룹

내 여성 임원을 지속적으로 선발하는 데 큰 도움을 받고 있다.

코칭하라, 제대로!

둘째, 코칭하라! 대개 조직에서는 구성원의 부족한 역량을 쉽게 지나친다. '걔는 안돼, 어쩔 수 없어'라며 포기하는 경우가 많다. 사실 '어쩔 수 없이 포기해야 하는' 일은 많지 않다. 그럼에도 지금 잘되지 않으니까 '한심한 결과'에만 집중해서 개선하려 노력하지 않는 것이다.

구성원의 역량이 달린다는 생각이 들면 '결과'에만 집중하지 말고 '원인'을 찬찬히 따져볼 수 있도록, 조직 차원에서 의도적인 노력을 기울여야 한다. 지식knowledge이 부족한지, 기술skill적 훈련이 덜 됐는지, 태도attitude를 잘 모르고 있는지 계속 알아내려 노력하고 해결책을 같이 모색해야 한다. 코칭을 제대로 하라는 거다.

그래서 조직은 구성원에게 다음 다섯 가지를 정기적으로 물어야 한다. 지금 무슨 일을 하는가? 일하면서 인정받고 싶은 것은 무엇인가? 앞으로 하고자 하는 것, 달성하고자 하는 목표는 무엇인가? 목표 달성을 위해 무엇을 할 수 있나? 조직에서 도와줄 것은 무엇인가? 꾸준한 코칭만이 구성원에게 부족한 부분을 채워줄 수 있다.

케어하라, 면밀하게!

셋째, 케어하라! 조직은 단기적인 업무 성과가 아니라 구성원이 자신의 잠재력을 발휘할 수 있도록 지켜보고 기회를 제대로 주어야 한다. 성장과 관련해 개개인에게 맞춰 면밀한 보살핌을 제공하라는 거다.

가령, 일에 재미를 못 느낀다고 한다면 지금 하고 있는 업무의 난이도를 챙겨볼 수 있다. 인간의 뇌는 너무 쉬운 일을 하면 따분함을 느낀다. 반대로 너무 어려운 일을 해도 뇌가 쉬고 싶어 한다. 다시 말해 '적당한 긴장감'을 느낄 때 사람은 일에 재미를 느낀다. 자신의 능력과 업무의 난이도가 적당히 조화를 이룬 업무를 '골딜록스goldilocks 업무'라 한다. 이를 통해 몰입 단계에 도달하고 성취감을 맛볼 수 있다. 잘하는 일을 할 수 있게 하라는 거다.

간혹 '성장 욕구가 당최 없어 보이는 구성원도 있다'는 얘기를 한다. 이런 구성원은 그냥 지나칠 것이 아니라 성장이나 자아실현 같은 '상위 욕구' 이전에 충족돼야 할 '하위 욕구'를 먼저 체크해볼 수도 있다. 사적인 문제가 있을 수도 있고 사내 입지가 불안할 수도 있다. 핵심은 구성원 하나하나를 면밀히 보살피겠다는 인간 중심적인 시각을 회사가 갖춰야 한다는 점이다.

미국의 IT 기업들을 조사한 결과 재미있는 현상이 발견됐다.

① '리더가 나쁜 리더일 때 퇴사자가 많다'는 것. ② '리더가 좋아질수록 퇴사자는 줄어든다'는 것. 여기까지 보면 하나도 이상할 게 없다. 그런데 마지막 ③ '리더가 더 좋아지면 퇴사자는 다시 많아진다'는 사실. 왜 그럴까? ①의 퇴사 이유는 '성장이 없어서'란다. 그런데 ③의 퇴사 이유는 '성장한 덕분에 이직이 쉬워져서'라고 한다. 물론 구성원의 퇴사는 힘든 일이다. 하지만 갈등 끝에 서로 상처만 남은 채 구성원을 떠나보낸 경우와, 구성원이 성공적으로 이직해 축하하고 응원하며 떠나보낸 경우를 떠올려보자. 남겨진 구성원이 느끼는 바와 조직의 분위기는 확연히 다를 수밖에 없다. 지금 당신의 회사는 불행한 퇴사자를 만들고 있는가, 행복한 퇴사자를 만들고 있는가. 곰곰이 생각해봐야 한다.

성공적인 실패가
혁신을 낳는다

도전하는 문화

당신이 아빠라면 학교에 다녀온 어린 딸에게 어떤 질문을 할 것 같은가? "공부 열심히 했니? 오늘 재밌었어? 친구들과 사이좋게 지냈니?" 정도일 것이다. 그런데 훗날 '최연소 자수성가 여성 부호'라는 타이틀을 가지게 된 딸의 아빠는 달랐다. 그가 매일 딸에게 한 질문은 "오늘은 어떤 실패를 했니?"였다. 딸이 "오늘은 ○○을 하려다가 실수로 망치고 말았어요"라고 하면 아빠는 말했다. "괜찮아. 실패란 성공하지 않은 것이 아니라 아무것도 시도하지 않은 것이니까."

이 딸은 세계 여성 사업가들의 아이콘이자 미국 속옷 브랜드 스팽스Spanx의 창업자 세라 블레이클리Sara Blakely다. 그녀는 스타

킹의 발 부분을 싹둑 자른 모양의 보정속옷을 세상에 처음 선보이며 패션계를 발칵 뒤집어놓았다. 처음에 업계 사람들은 제정신이냐며 실패가 뻔하다고 뜯어말렸다. 아마도 그녀의 용감한 도전은 어린 시절 아버지의 끈질긴 가르침이 없었다면 불가능했을 것이다.

안전감 있는 문화에서 도전이 나온다

조직에서도 비슷하다. 도전 정신 가득한 구성원이 따로 있는 게 아니다. 성패가 명확하지 않은 새로운 과제에 뛰어드는 건 누구에게나 부담이다. 조직의 분위기가 '실패해도 괜찮다'는 메시지를 계속 주어야 한다. 책임을 회피하는 구성원이 있다면 그것은 그 구성원의 잘못이 아니다. 왜 성공하지 못했냐고 책임을 물은 리더의 잘못이다.

이와 관련해 한국도로공사에서 있었던 일화는 되새겨볼 만하다. 고속도로 분기점에서 급차선 변경으로 교통사고가 잇따르자 군포지사장은 소속 구성원에게 대책을 주문했다. 담당 구성원은 고민 끝에 '노면 색깔 유도선'을 제안했다. 자녀의 색칠놀이에서 아이디어를 얻어 우회전 시에는 분홍색 선, 좌회전 시에는 초록색 선을 따라가도록 하는 시스템이었다. 지금 와서 보면 별것 아닌 것 같지만 당시에는 전문가들의 극심한 반대에 부딪혔다. 당시까지만 해도 도로에는 흰색, 노란색, 파란색, 빨간색만 칠하도록 하는 규정이 있었다. 사람들은 법적으로 허용되지 않은 색을 칠해서 사고나 물적 피해가 발생하면 어떻게 책임질 거냐며 말렸다. 그런데 바로 이때 대책을 지시했던 지사장이 "이게 만약 잘못돼서 다시 다 지워야 한다면 너랑 나랑 책임지면 된다"고 말했다고 한다. 어디서 말도 안 되는 아이디어를 가져왔냐고, 법적 문제가 생기면 어떡할 거냐고 윽박지르지 않았다. 이러한 리더의 메시지 덕분에 '도로 위 색칠 혁명'이 이뤄질 수 있었다. '실패해도 괜찮아'라는 안전감 조성이 얼마나 중요한지 알 수 있다.

좋은 실패를 장려하는 문화

그런데 질문이 꼬리를 문다. 실패는 무엇이든 다 괜찮다고 해줘야 할까? 그게 조직에서 가능할까? 답은 물론 아니다. 실패는 반드시 두 가지로 구분돼야 한다. '관리해야 할 나쁜 실패'와 '장려해야 할 좋은 실패'다. 전자는 부주의와 준비 소홀 등으로 생기는 실패다. 사실 이런 실패는 '단순 실수'에 가깝다. 체크리스트를 활용하거나 주의사항을 지키는 것만으로도 충분히 예방할 수 있다. 이런 실패는 확실하게 '관리'해야 한다. 반면 장려해야 할 좋은 실패는 아이디어의 가설을 검증해보는 실험적 시도, 불확실한 상황에서의 선행적 시도 등이다. 변화와 혁신을 이끌어내려면 조직은 이런 실패를 '의도적으로' 늘려야 한다.

구글의 혁신을 이끄는 구글X의 비결은 바로 좋은 실패 장려하기 문화다. 설립 초기부터 구글X를 이끌어온 애스트로 텔러 Astro Teller는 매몰비용의 함정에 빠져 '산으로 가는' 프로젝트를 접지 못하는 상황을 보고 실패에 대한 유전자를 바꿔야겠다고 생각했다. 실패한 팀에 보너스와 휴가를 주며 동료들의 박수갈채를 받게 했다. 실패가 실패로만 끝나지 않고 그 과정에서 기술이 발전한다고 믿었기 때문이다. 그 결과 구성원들은 실패 없이 어떻게 혁신이 가능하겠냐는 인식을 다 같이 공유하고 있다. 구글X에서 매년 엎어지는 프로젝트가 100개가 넘는다. 그런데도 구성원들이 새로운 도전을 기꺼이 받아들일 수 있는 것은 바로 실패에 대한 합의 덕분이다.

실패는 사후 부검이 중요하다

그럼 그다음 질문. '좋은 실패'를 계속 장려하기만 하면 변화와 혁신이 따라올까? 아니다. 실패가 '손실'이 아닌 '투자'가 되려면 반드시 실패를 면밀히 분석해야 한다. 이를 실리콘밸리에서는 포스트모텀, 즉 사후 부검이라고 부른다. 사인死因을 명확히 밝히기 위해 시신을 부검하듯 실패 과정을 면밀히 분석해 학습하고, 이 학습을 통해 더 나은 시도를 하는 것이다.

이때는 대개 네 개의 원칙이 적용돼야 한다. 첫째, 이해관계자들을 참여시켜서 솔직하게 공유하기open. 둘째, 개인 탓으로 질책하지 않기blameless. 셋째, 누구Who가 아닌 무엇을What, 왜Why 중심으로 피드백하기. 넷째, 앞으로의 업무에 적용할 부분 찾기learning.

실제 많은 기업들이 이와 관련된 제도를 두고 있다. 미디어 커머스의 대표주자, 블랭크 코퍼레이션Blank Corporation에는 '골든벨, 실버벨' 제도가 있다. 골든벨이 울리는 날은 주목할 만한 성과를 낸 경우로, 맛있는 간식을 먹으며 함께 축하한다. 그런데 '더 맛있는' 간식을 먹는 날이 실버벨이 울리는 날이다. 바로 실패한 프로젝트를 공유하고 학습하는 자리다. 실패에서 얻은 경험과 노하우의 가치를 제대로 대접하는 것이다.

SK하이닉스의 '실패사례 경진대회'도 주목할 만하다. 이들이 이런 대회를 만든 사연은 이렇다. 반도체 업계는 신규 공정을 개발하는 과정에서 최적의 온도, 시간, 가스 투입량 등을 찾아내 최적의 조합을 만들어낸다. 그런데 조합이 조금만 달라져도 결과가 완전히 달라져서 수많은 시행착오가 발생한다. 이에 같은 실수를 되풀이하지 않기 위해 실패를 공유하기로 했다.

여기서 중요한 포인트 하나. 이 대회가 열린 첫해, 구성원들의 반응은 반신반의였다. 정말 실패를 드러내도 될지, 실패 과정을 낱낱이 분석하다 보면 혹시 나에게 책임을 묻지는 않을지와 같은 걱정이 많았다고 한다. 대회 참가 공지가 나간 뒤 보름이 지났지만 신청 건수는 겨우 네다섯 건에 불과했다. 이에 최고 리더가 직접 구성원들의 자리로 찾아가 한 사람 한 사람에게 취지를 제대로 설명했다. 들춰내서 잘잘못을 가리는 자리가 아니라는 점을 충분히 알린 다음에야 250여 건의 사례가 접수됐다고 한다. 실패의 사후 부검을 할 때에도 조직에서 전하는 메시지는 '괜찮다'라는 것에 집중해야 함을 알 수 있다.

지금 현재, 전 세계에서 가장 새로운 도전을 줄기차게 하고 있는 사람으로 많은 이들이 일론 머스크Elon Musk를 꼽을 것이다. 그가 과거 실패에 관해 남긴 말을 되새김질해보자.

"테슬라와 스페이스X에서 일하는 사람들은 최고로 똑똑하다. 하지만 안타깝게도 전기차와 로켓은 실패할 확률이 아주 높은 제품들이다. 나에게도 실패는 고통스럽다. 하지만 CEO의 임무는 실패했을 때 직원들을 다그치는 것이 아니라 다시 하나로 모아 다음 시도를 준비하는 데에 있다. 실패는 당신이 아무리 총명하다 하더라도 일어나게 돼 있다."

안전 신호를 보내라,
지속적으로

독신남녀의 일상을 담은 한 예능 프로그램에는 출연자들이 서로를 '얼간이'라는 애칭으로 부르는 모습이 종종 나왔다. 이 얼간이라는 말은 사전적으로 '됨됨이가 변변치 못하고 모자란 사람'을 뜻한다. 원래 소금을 약간 뿌려 조금 절이는 것을 '얼간'이라고 하는데, 제대로 절이지 못하고 대충 간을 맞춘 것처럼 다소 모자란 듯하다는 뜻으로 만들어진 말이다. 그런데 이상하게도 약간 모자란 듯한 사람이 더 사랑받는 경우가 많다. 사람이 너무 완벽해서 비집고 들어갈 틈조차 없으면 왠지 거리감이 느껴지고 부담스럽기 때문이다.

따지고 보면 세상에 얼간이 아닌 사람이 없다. 다들 실수도 하고 모자란 구석도 있다. 그야말로 얼간이가 '보통 사람'이다. 그래서 얼간이 같은 모습이 오히려 편안하고 친근하다. 이른바 '부족함의 매력'이다.

누구에게나 약점이 있다

그런데 이런 부족함의 매력이 잘 통하지 않는 곳이 있다. 바로 직장이다. 성과를 이뤄내야 하는 곳이다 보니 부족함이 매력보다는 비난과 원망의 이유가 되기 쉽다. 누구에게나 장점이 있으면 약점도 있는 법이지만 사람들은 약점에 포커스를 맞춘다. 약점이 성과 창출을 가로막는 경우가 많기 때문이다. 업무 능력은 출중하지만 관계 맺기가 부족한 사람도 있고, 세일즈 능력은 탁월하지만 관리 역량이 모자란 사람도 있다. 개선할 수는 있지만 취약한 부분은 드라마틱하게 사라지기가 쉽지 않다.

현실이 이렇다 보니 너 나 할 것 없이 조직에서는 약한 모습을 드러내는 것이 금기시되고, 힘들어도 혼자 끙끙 앓는 경우가 많다. 성과를 내는 데 집중해야 할 에너지가 약점 '감추기'에 쓰이는 것이다.

서로가 가진 약점을 평범한 사람의 매력으로 여기고 너그럽게 감싸주는 문화, 즉 포용하는 문화는 어떻게 만들 수 있을까?

리더가 보내는 안전 신호

우선은 리더의 시그널이 가장 중요하다. 우리 뇌에는 관계를 끊임없이 걱정하는 부위가 있다고 한다. 특히 윗사람이 나를 어떻게 생각하는지 계속 신경을 곤두세우게 된다는 것. 우리 뇌에 아직도 고대 원시부족의 뇌가 남아 있어 '쫓겨나지 않을까 하는 두려움'에 늘 주의가 쏠린다는 것이 학자들의 설명이다. 과거 원시부족사회에서는 쫓겨나는 순간이 곧 죽음일 수 있기 때문이다.

실제 한 연구결과에 따르면 회사에서 윗사람의 신뢰를 받고 있고 그에게 의지할 수 있다고 여기는 사람은 그렇지 않은 사람보다 더 오래 산다고 한다. 버림받을지 모른다는 두려움에서 오는 스트레스가 수명에까지 영향을 미친다는 것. 이런 상황에서 신뢰받는 사람이 업무에 더 몰입할 수 있는 것은 당연지사다.

그래서 리더는 신호를 잘 줘야 한다. 구성원 개개인을 향해 '우리 조직은 당신을 필요로 하고 내팽개치지 않을 것이다'라는 '안전 신호'를 계속 줘야 한다. 뭘 어떻게 해야 할까? 학자들이 발견한 것은 사소한 제스처의 중요성이다. 자주 따뜻한 시선을 보내고 '네 말을 귀 기울여 듣고 있다'라는 메시지를 주는 제스처들이 사소하지만 아주 든든한 안전의 울타리를 쳐준다고 한다. 특히 강력한 것은 감사 표현이다. '네가 우리 조직에 도움을 주고 있어서 감사하다'라는 메시지를 표현해야 한다. 이런 아주 작은 신호가 엄청난 효과를 가져올 수 있다.

중요한 것은, 이런 신호는 한 번에 주기 어렵다는 점이다. 그래서 감사하고 있다는 사실보다 중요한 것은 감사하다는 말을 반복하는 것이라고 한다. 리더가 평소에 구성원들에게 감사 표현을 자주 하고, 또 구성원들끼리도 서로 감사를 전하는 소소한 이벤트를 만들어야 한다. 이미 여러 조직에서 시행하는 감사와 칭찬 릴레이, 감사 노트 전달하기 등은 별것 아닌 것처럼 보이지만 그 효과가 실로 대단하다. 서로가 연결돼 있다는 결속감과 연대감을 느낄 수 있고, '이 조직에서 나는 안전하다'는 느낌을 받을 수 있기 때문이다.

엄격한 원칙과 아버지 같은 포용력

영국 축구 역사상 가장 유능한 감독으로 꼽히는 맨체스터 유나이티드의 알렉스 퍼거슨 전 감독. 그는 구성원들에게 '안전 신호'를 잘 준 리더로 손에 꼽힌다. 사실 그는 선수들의 경기가 마음에 들지 않으면 로커룸에서 큰소리로 야단치기 때문에 선수들의 머리가 뒤로 날릴 정도라는 뜻에서 '헤어드라이어'라는 별명을 가지고 있다. 그리고 '운동선수로서 최상의 컨디션을 유지하라'는 기본 원칙을 엄격하게 들이댄다. 가령 술이 덜 깬 상태로 훈련장에 나타나거나 지각이 잦은 선수에게는 가차 없이 출전 금지 조치를 내렸다. 그런데도 선수들이 '안전'하다고 느꼈다는 사실이 의아할 수도 있다.

하지만 그는 성과에는 엄격했지만 다른 한편으로는 아버지와 같은 포용력으로 선수들을 감쌌다. 실제 퍼거슨 감독과 함께했던 선수들은 그를 '아버지'라고 부르는 경우가 많다. '축구의 신' 크리스티아누 호날두가 대표적인 사례. 그는 퍼거슨 감독을 아버지처럼 모시게 된 일화를 직접 소개했다. 이야기는 자신의 친아버지가 아팠던 시기다. 아버지가 병원에서 혼수상태에 빠져 마음이 좋지 않았는데, 이를 알게 된 퍼거슨 감독이 잠시도 고민하지 않고 "하루든 이틀이든 일주일이든 아버지에게 다녀오라"고 얘기했다고 한다. 시즌이 한창이고 챔피언스리그를 앞둔 상황이어서 감독으로서는 상당히 난처할 수 있었음에도 말이다. 그는 이처럼 선수들의 아픔, 약한 부분을 어루만지고 안아주는 '아버지' 같은 리더였다. 선수들은 퍼거슨 감독 아래에서 누구보다 안전했다고 입을 모은다.

자신의 취약점을 드러내는 '자기개시'

포용의 문화를 만들기 위해 리더가 구성원에게 안전 신호를 주는 것 다음으로 또 무엇이 필요할까? 구성원들끼리 취약한 부분을 비난하기보다는, 서로 도움을 주고받으며 의지할 수 있는 관계를 만들어주는 것이다. 이를 위해서는 스스럼없이 도움을 요청할 수 있는 문화를 만들어야 한다. 어떻게 가능할까?

답은 이른바 심리학에서 말하는 '자기개시self-disclosure'다. 자신의 부족한 점이나 취약한 부분을 솔직하게 밝히고 도움을 청하는 자리를 의도적으로 만들라는 것. 가령, 회식처럼 가벼운 마음으로 만난 자리에서 '요즘 나의 고민 세 가지'를 돌아가면서 말하게 할 수 있다. 자기개시는 상호성을 갖기 때문에 누군가의 솔직한 얘기를 들은 사람은 자신에 대해서도 두려움 없이 드러낼 수 있다고 한다.

눈치챘겠지만, 물론 제일 먼저 자기개시를 해야 할 사람은 리더다. 가령, "나는 요즘 ○○과 같은 IT 프로그램을 쓰는 것이 서툴러서 힘이 드는데 누가 좀 도와줬으면 한다"라고 솔직하게 말하는 것이다.

실제 자기개시라고 하면 흔히 떠올리게 되는 사람이 있다. 바로 영국의 괴짜 재벌로 통하는 리처드 브랜슨Richard Branson 버진그룹Virgin Group 회장. 그에게는 난독증이라는 치명적인 단점이 있었다. 그는 이 사실을 숨기기보다 드러내기를 선택했다. 그러고는 텍스트 자료가 아닌, 구두나 시각 자료로 소통할 것을 주변에 요청했다고 한다. 또 그는 정규교육을 제대로 받지 못해 재무제표를 읽거나 컴퓨터를 다루는 일 등이 어렵다는 점도 드러내며 자신을 도와줄 수 있는 사람들을 물색해 권한을 위임했다고 한다. 리더가 이렇게 하면 구성원들도 어렵지 않게 서로 도움을 요청하는 문화가 만들어질 수 있다.

구성원의 취약점은 개개인이 용기를 갖고 극복해 나가야 할 문제다. 하지만 그 이전에 조직 차원의 '아량'이 필요하다. 너그럽고 속 깊은 마음으로 '조금 모자라도 괜찮다'는 안전 신호를 계속 깜박여줘야 한다. 구성원을 취약한 구석으로 자꾸 몰아갈 게 아니라, 도움의 손길을 내밀어야 한다.

인정 문화가 정서적으로
건강한 조직을 만든다

타인에게 인정받고자 하는 욕구esteem needs는 인간의 기본 욕구다. 그 누구도 예외가 없다. 그런데 안타깝게도 현재 우리네 직장에서 인정 문화는 충분히 자리 잡지 못한 것으로 보인다. 한 온라인 설문에 따르면 20~30대 직장인 열 명 중 일곱 명은 '회사에서 존재감이 없다고 느껴본 적이 있는가'라는 질문에 '그렇다'고 응답했다.

인정 문화, 어떻게 만들어낼 수 있을까? 사실 조직문화가 인정에 박하다면 그 이유는 인정에 대한 오해 때문일 수 있다. '좋은 성과'를 내면 '승진과 보상'으로 제대로 인정해주고 있는데 무슨 문제냐는 식이다. 이게 왜 오해일까?

칭찬은 결과 중심적, 인정은 사람 중심적

인정의 문화와 관련해 유명한 일화가 있다. 피자헛과 KFC의 모기업인 얌브랜드Yum! Brands를 이끌었던 데이비드 노박David Novak 전 회장. 그가 펩시 보틀링의 최고운영책임자coo로 있을 당시의 얘기다. 그는 한 지역 법인에서 아침 일찍부터 판매회의를 하던 중 구성원들에게 '어떻게 하면 슈퍼와 편의점에서 우리 제품을 눈에 잘 띄게 배치할 수 있을까'라는 질문을 했다. 그랬더니 모든 이들이 하나같이 밥이라는 구성원을 지목했다. 밥은 말단 사원이지만 그 분야의 전문가라 부를 만하고, 동료들에게도 노하우를 전수하는 좋은 동료라는 것. 이런 뿌듯한 평가를 받은 밥은 어땠을까? 그는 사람들이 자신을 그렇게 생각하는지 전혀 몰랐다며 눈물을 흘렸다. 노박은 만약 밥이 자신을 인정해주는 문화 속에서 일했다면 얼마나 더 크게 발전할 수 있었을까 하는 생각에 안타까웠다. 이후로 그는 기업에 인정 문화를 조성하는 것을 최우선 과제로 삼았다고 한다. 이때부터 그 유명한 '고무 치킨 인형', 즉 구성원의 헌신과 노고를 인정하는 징표를 늘 가방에 넣고 다니며 우수 직원에게 선물로 주었다고 한다.

이 이야기에서 중요한 포인트는 바로 인정과 칭찬은 다르다는 것이다. '좋은 성과'를 보여주는 사람은 칭찬praise을 받는다. 칭찬은 좋은 결과가 전제된다. 일의 성과가 잘 나온 것을 추켜세우는 것으로, '결과 중심적'이다. 반면 인정recognition은 '알아준다'는 의미다. 설사 눈에 두드러지는 결과가 있지 않더라도 앞선 밥의 경우처럼 일을 해내는 과정이 충분히 훌륭하다면, 다른 사람들에게 좋은 영향력을 끼치고 있다면, 그 구성원의 존재감을 알아봐준다는 것으로, '사람 중심적'이다.

칭찬이 효과적이지 못한 이유는 두 가지다. 첫째, '결과가 좋았기 때문에 훌륭한 직원'이라는 공식은 반대로 '결과가 좋지 않으면 훌륭하지 않은 직원'임을 내포한다. 그렇게 되면 부정한 방법을 써서라도 좋은 결과를 만드는 데 집착할 수 있다. 결과가 좋지 않아서 수치심을 느끼고 질책받아야 한다면 누구나 이를 회피하고 싶기 때문이다. 둘째, 칭찬은 시기와 질투를 낳는다. 평가와 보상에서 가장 민감한 부분은 공정성이다. 혜택받는 사람이 있으면 불이익을 당하는 사람이 있기 마련이다. 칭찬도 마찬가지다. 구성원들이 쉽게 이기적이고 자기중심적인 태도를 보이며 이중적인 잣대를 들이밀 가능성이 높다.

하지만 인정은 다르다. 결과에 점수를 매기는 것이 아니라 노력한 과정 그대로를 알아주기 때문에 즐겁고 따뜻한 감정을 공유할 수 있다. 가령 '쉽지 않았을 텐데 끝까지 마무리해서 얼마나 우리 회사에 큰 힘이 되는지 모른다. 자랑스럽다'와 같은 메시지로 해당 구성원이 보여준 됨됨이 그대로를 알아주고 손뼉 처주는 것이다. 한번 성공했다고 즉각적인 반응을 보이는 것이 아니라, 오랫동안 지켜본 결과를 바탕으로 사람에 대해 긍정적인 평가를 내리는 일이다.

그래서 칭찬이 아닌 인정으로서 구성원의 자부심을 높이는 문화를 만들어야 한다.

인정하는 조직문화를 만드는 법

자, 그러면 조직에 인정하는 문화를 만들기 위해서는 구체적으로 어떤 노력이 필요할까?

첫째, 구성원이 조직에서 얼마나 중요한 일을 했는지, 일의 의미meaning와 가치value를 서로 나누는 소통을 해야 한다. 일의 의미는 일의 영향력과도 일맥상통한다. 구성원이 자신이 하는 일이 회사와 사회에 어떤 영향을 주고 어떤 변화를 가져왔는지 인식하고 있을 때 비로소 나란 존재가 제대로 인정받고 있다고 느낄 수 있다.

둘째, 무엇보다 중요한 부분으로, 일의 과정이 투명하게 드러나게 함으로써 결과 중심적인 문화가 아니라 과정 중심적인 문화를 만들어야 한다. 기존의 성과 평가 방식을 상시 피드백이 가능한 시스템으로 바꾸는 것은 그런 의미에서 도움이 된다.

셋째, 구성원들의 존재감이 어느 한두 사람의 그늘에 가려지지 않도록 곳곳에 밝게 빛을 비추어야 한다. '아시아 최고의 축구 선수'로 활약을 펼치는 손흥민 선수는 골을 넣고 난 뒤에 항상 똑같은 이야기를 한다. 그건 바로 다른 선수들의 기여를 알리는 것. "○○의 크로스가 정말 좋았다. 공이 그냥 내 발에 와서 닿았을 뿐이다." "○○가 패스를 잘해줘서 뛰어가서 공만 밀어 넣으면 되는 상황이었다." 공식적인 자리에서 동료의 이름을 밝히고 영광스러운 존재감을 나누는 태도다. 이같이 조직에서도 구성원의 이름이 가능한 한 공식적으로 드러날 수 있게 아이디어를 모아야 한다.

배달의민족 앱을 운영하는 우아한형제들에서는 배민체라는 폰트를 만들어서 무료 배포하는데 그 서체들의 이름이 독특하다. 한나는열한살체, 주아체, 도현체, 연성체, 기랑해랑체. 해당 폰트를 만든 직원이나 가족의 이름을 붙였기 때문이다.

누구나 '인정자극'이 필요하다

미국 온라인 마케팅의 천재로 불리던 자포스의 창업자 토니 세이Tony Hsieh는 46세의 젊은 나이로 세상을 떠났다. 그는 죽기 전

이상 행보를 보였다고 한다. 집에서 화재 사고가 잇따랐고 마약, 단식, 촛불 집착 등의 병리적 행동을 일삼았다.

정신분석학에서는 사람이 인정자극을 받지 못하면 '심리적 죽음'을 맞이한다고 한다. 모든 정신병은 긍정적 인정자극의 부족에 기인한다고 보는 학자도 있다. 인간은 육체적 건강을 위해 음식물을 먹어야 하듯, 정서적 건강을 위해서 인정자극을 주고받아야 한다는 의미다.

조심스럽게 추측해본다. 어쩌면 토니 셰이는 21년을 일군 자포스의 CEO 자리에서 물러나면서 인정자극의 부족을 경험한 것은 아니었을까.

실행은 수직적,
문화는 수평적

수평적 문화

"감히 일개 구성원이 임원이 하시는 말씀에 반대의견을 내?" 우리는 조직에서 이런 모습을 흔히 만난다. 직급의 높이가 곧 의견의 높이다. 직급이 낮으면 의견은 쉽게 무시된다. 이 상황이 반복되면 직급 낮은 구성원들은 차츰 침묵을 선택한다. 스스로를 방어하기 위해서다. 심리적으로 '편안함'이 전혀 없는 문화다.

그런데 최근 이런 상명하복식의 수직적 조직문화를 수평적으로 바꾸려는 움직임이 국내외 주요 기업들 사이에서 활발하게 일어나고 있다. 왜일까? 이제껏 경험해보지 못한 속도로 빠르게 발전하는 기술과 넘쳐나는 정보에 아무리 뛰어난 리더라도 속수무책이 되기 때문이다. 구성원들로부터 정보를 모으고 더 좋은 아이디어를 뽑아내지 못하면 당해낼 재간이 없다. 이른바 '집단지성'의 힘을 발휘해 급변하는 비즈니스 환경에 대처하기 위해, 수평적 문화는 선택이 아니라 필수가 됐다.

자, 그럼 이제부터 우리 조직은 수평적인 문화로 바뀐다고 공표하면 끝날까? 서열을 내세우지 못하도록 직급 체계를 단순화하면 될까? 위아래 구분 없이 '님' 자를 붙여 부르고 서로 존댓말을 쓰게 하면 될까? 물론 다 필요한 변화다. 하지만 사람들의 오랜 습성이 바뀌려면 어림도 없다. 제도를 바꾸려는 노력과 함께 하나 더 챙겨야 할 것은 바로 '관계'의 정리다. 무슨 말일까?

권력관계 중심에서 인간관계 중심으로

사람들의 모든 관계는 '권력관계'와 '인간관계'로 나뉜다. 전자는 권력 행사자와 권력 수용자로 나뉘어 지시를 주고받는 관계, 후자는 인간적인 유대감으로 묶인 관계다. 군대는 권력관계가 큰 부분을 차지하고 친구 사이에는 인간관계가 큰 부분을 차지한다. 쉽게 표현하자면 '반드시 따라야 하는 관계'와 '반드시 따르지 않아도 되는 관계'다.

지금 우리 조직은 어떤가? 대부분의 한국 기업들은 '권력관계'가 큰 부분을 차지해왔다. 수직적인 문화였기 때문이다. 수평적으로 문화를 바꾸자는 것은 권력관계에 쏠린 중심축을 인간관계 쪽으로 기울여보자는 거다. 구성원도 임원의 의견에, 경영자의 의견에 '감히' 반대할 수 있고, 누구나 직급과 관계없이 자유롭게 자기 생각을 개진할 권리를 갖자는 거다. '지금 시대의 권위는 직급에서 나오는 게 아니라 생각과 아이디어에서 나온다'는 캐치프레이즈를 내걸면서 말이다.

그런데 바로 여기서 오해가 생긴다. 그럼 우리 조직은 완벽히 '인간관계'만 존재할 것인가? 절대 그렇지 않다. 기업은 친목을 도모하기 위해 만난 사적 모임이 아니기 때문이다. 권력관계와 인간관계의 균형을 찾자는 것뿐이다. 어떨 때 '반드시 따라야 하는 관계'이고 어떨 때 '따르지 않아도 되는 관계'인지를 리더가 구성원에게 명확히 구분해줄 필요가 있다.

실행은 수직적, 문화는 수평적

구성원들은 묻는다. "왜 각자 하고 싶은 이야기를 맘껏 하라고 해놓고 정작 의사결정은 리더가 마음대로 하는가?" 결국 '답정너'가 아니냐는 볼멘소리다. 이에 대한 답은?

회사는 '역할 게임'을 하는 곳이다. 대학 동아리라면 모두가 돌아가면서 의견을 낸 다음 다수결로 결정하는 게 맞다. 하지만 회사는 다르다. 의사결정에 대해 책임지는 역할이 필요하고, 리더가 이를 맡는다. 구성원의 역할은 최종 의사결정이 내려지기 전까지 자신의 의견을 명확히 피력하되, 일단 의사결정이 이뤄지면 그 결정이 자신의 의견과 다르다고 해도 적극적으로 따르는 것이다. 다시 말해서 의견을 주고받을 때는 '인간관계', 의사결정을 해야 할 때는 '권력관계'라는 말이다. 국내에서 가장 수평적인 문화로 이름난 회사인 우아한형제들의 경우, 아예 이를 일하는 방식으로 명시하고 있다. '실행은 수직적, 문화는 수평적'이라고.

채용도 다시 한 번 생각해보자. 우리 조직의 구성원을 새로 뽑을 때 기존 구성원들이 참여하게 할 수 있다. 미국의 홀푸드마켓은 팀원들이 신입사원의 채용 권한을 갖는다. 성과에 책임을 지고 보상을 나눠 가질 사람을 동료들이 직접 뽑게 한다는 취지에서다. 그런데 우리 조직은 완벽히 자율경영을 실천하고 있는 홀푸드마켓이 아니다. 만장일치라면 문제가 없겠지만 의견이 갈린다면 어떻게 해야 할까? 처음부터 명확히 해야 한다. 구성원들의 의견은 참고하겠지만 최종 결정은 리더가 내리겠다고 말이다.

리더의 권한과 책임은 지켜라

다음으로, 리더가 묻는다. "구성원들이 눈치 보지 않고 말하게 하려면 리더는 할 말이 있어도 가급적 참아야 하는 것 아닌가?" 답부터 말하면 '아니다.' 수평적 문화를 이끄는 리더가 가져야 할 태도의 본질은 직급에 따른 권위를 내려놓는 것이지, 권한을 내려놓는 것이 아니다. 성과에 대한 책임도 내려놓을 수 없다. 구성원이 자신의 의견을 솔직하게 말할 수 있어야 한다면 리더도 마찬가지다. 다만, 솔직하게 말해야 하는 것과 아닌 것을 잘 구분해야 한다.

과거 '편의점 알바생이 에어팟을 끼고 일해도 되는지'를 두고 온라인에서 한바탕 설전이 벌어진 적이 있다. '서비스업의 기본자세가 아니다'라는 주장과 '고객의 월권'이라는 주장이 첨예하게 맞섰다. 어느 쪽이 맞을까? 사무실에서 똑같은 상황이 벌어진다면 어떻게 해야 할까? 사실 딱 떨어지는 '정답'은 없다. '일할 때 이어폰을 껴도 된다, 껴서는 안 된다'와 같이 이분법적으로 답이 갈리지는 않는다. 자신의 역할을 충실히 수행하는 데 문제가 없다면 음악을 들으며 일하는 것을 '개취'로 받아들여 줄 수 있다. 즉, 사적인 영역이라고 판단된다면 '인간관계'에서처럼 그냥 인정해줘야 한다는 얘기다. 그런데 만약 업무의 특성상 이어폰을 끼고 일하는 게 자신의 역할을 수행하는 데 방해가 된다면 이는 명확히 짚어줘야 한다. 권력관계로서 '따를 것'을 주문해야 한다는 거다.

우리 조직에서는 아직도 '위로 올라갈수록 외롭다'는 얘기가 나오고 있는가? 그럼 당신의 조직은 권력관계가 지나치게 내세워진 수직적인 문화일 가능성이 높다. 인간관계를 통해 균형을 맞출 필요가 있다는 신호로 받아들여야 한다.

창의적이고 싶다면
다양성을 찬미하라

다양성을 수용하는 문화

여기 도저히 친구가 될 수 없을 것 같은 두 사람이 있다. 지금은 둘 다 고인이 됐지만 이들은 미국에서 '보수파의 거두'와 '진보의 아이콘'으로서 공화당과 민주당 간의 논쟁에 빠지지 않고 거론되는 인물들이다. 바로 앤터닌 스캘리아Antonin Scalia와 루스 베이더 긴즈버그Ruth Bader Ginsburg다. 두 사람은 이탈리아계 남성과 유대계 여성으로 성별도 인종도 가치관도 전부 달랐다. 페미니즘, 낙태, 인종문제 등에서 늘 첨예하게 대립했다. 동성결혼에 대해 스캘리아는 '쿠데타'라고 했고 긴즈버그는 '결혼에 대한 편견을 버려야 한다'며 서로 날을 세웠다. 그야말로 극과 극의 정치적 견해를 가졌던 이들. 하지만 두 사람은 40년 동안이나 막역한 우정을 과시했다. 함께 여행을 다니고 쇼핑하고 매년 연말이면 가족끼리 저녁 식사를 하며 신년을 맞았다.

어떻게 그럴 수 있었을까? 답은 의외로 오페라였다. 두 사람은 둘째가라면 서러워할 정도로 오페라 마니아다. 유명 오페라에 엑스트라로 출연했고, 두 사람의 우정을 소재로 한 오페라까지 만들어지기도 했다. 실제 스캘리아는 "긴즈버그와 어떻게 친구가 될 수 있냐"는 질문에 "긴즈버그는 오페라를 좋아하고 성품 좋은 사람이다. 그녀를 좋아하지 않을 이유가 없다. 물론 법에 대한 그녀의 관점을 제외하고 말이다"라고 말했다.

그렇다. 세상 '쿨'한 관계인 두 절친의 비밀은 바로 '존이구동存異求同'이다. 서로 다름을 인정하되 그 속에서 같음을 찾는다는 것. 그들도 직접 "우리는 다르지만 우리는 하나다We are different, but we are one"라고 노래한 바 있다.

틀리지 않다, 다를 뿐이다

조직에서도 '틀림'의 이슈가 아니라 '다름'의 이슈에 대한 해법을 존이구동으로 풀어야 한다. 세대 간 갈등이 대표적인 다름의 이슈다. 리더인 X세대는 개인보다 조직이 중요하고, 구성원인 MZ세대는 개인이 조직보다 앞선다. X세대는 직장인에게 어울리는 복장이 따로 있다고 생각하고, MZ세대는 반바지를 입어도 일만 잘하면 무슨 상관이냐고 한다. X세대는 업무에만 집중하고 MZ세대는 이어폰으로 음악을 들으며 업무를 한다. 어느 쪽도 틀리지 않다. 다를 뿐이다.

다름의 이슈는 표면적 다양성surface-level diversity과 내면적 다양성deep-level diversity에 기인한다. 전자는 성별, 인종, 민족, 나이 등 표면적으로 쉽게 파악될 수 있는 특성의 차이다. 후자는 개인의 성격, 가치관, 선호도에 따른 차이다. 물론 둘이 섞여 있는 경우가 많다. 세대 간의 갈등도 표면적으로는 나이 차이지만 거기에서 비롯된 가치관의 차이가 문제가 된다. 그럼 조직 내 서로 다른 구성원들이 서로를 이해하고 받아들이는 문화를 만들려면 구체적으로 어떻게 해야 할까?

공동 원칙은 최소한으로 세워라

첫째, 최소한의 공동 원칙만 고수하라! 최근 아마존에 맞설 최강의 상대로 떠오른 이커머스 기업, 쇼피파이Shopify. 이 회사는 '특유의 문화가 없는 문화'를 표방한다. 무슨 의미일까? 다양한 경력과 개성을 가진 사람들을 받아들여 직원 수가 늘어날수록 각각의 개성이 회사 문화에 보태진다는 뜻이다. 그래서 회사의 문화가 일정하지 않고 계속 확장된다. 사실 지금까지 강력한 조직 문화라고 하면 통일성을 금과옥조로 여기던 것과 상반된다. 이 회사가 이런 선택을 한 이유는 뭘까? 성장하는 조직으로서 불가피한 선택이라는 것이 그들의 설명이다.

이 회사는 2006년 다섯 명이 모여 창업했는데 지금은 직원 수가 5000명을 넘는다. 경영진은 처음에는 '고유의 문화가 훼손되지 않고 유지'되게 하려면 어떻게 해야 할지를 고민했다고 한다. 그런데 만약 이를 위해 기존 구성원들과 비슷한 사람들만 계속 뽑으면 어떤 일이 벌어질까를 생각했다. 결국 '회사는 정체될 수밖에 없다'라는 답에 이르렀고, 회사가 확장되기 시작하면 다양한 경험의 사람들을 배척할 것이 아니라 포용해야 한다고 결론 내렸다. 그래서 그들은 자신들의 문화에 얼마나 적합한가culture fit를 보지 않고 반대로 얼마나 다른가culture addition를 인재 채용의 기준으로 삼았다. 다양한 배경, 기술, 생각을 가진 사람들이 계속 들어와서 기존 문화를 흔들고 도전해야 회사가 더 성장한다고 생각한 것이다.

그렇다면 머릿속에 드는 궁금증. 그들은 어떻게 분열되지 않고 구심점을 중심으로 뭉칠 수 있을까? 이들은 세 가지 공동 원칙을 세우고, 그것만은 양보하지 않도록 했다. 그 어떤 개성을 가진 사람들이라 하더라도 ① 자신의 일을 통해 영향력을 미치고자 하는 의지가 있어야 하고, ② 일에 몰입하는 능력이 출중해야 하며, ③ 어떤 변화에도 살아남을 수 있는 태도를 갖춰야 한다. 이런 명확한 채용 기준 덕분에 이 회사의 수용성과 개방성은 압도적이다. 2019년 구성원들을 대상으로 설문한 결과, '팀원들로부터 항상 지지받는다고 느낀다'라는 응답은 91퍼센트, '팀원 모두 다른 의견이 가치가 있다고 생각한다'라는 응답은 87퍼센트를 기록했다.

'다름'을 긍정적으로 이용하라

둘째, 다름을 '대놓고 이용'하라! 사람은 득이 되는 일이라 판단되면 자발적으로 나선다. 다름이 성가시고 힘든 일이 아니라 자신들에게 도움 되는 일로 느끼게 하는 것이 중요하다는 의미다. 실제 다양성은 조직의 창의성에 긍정적인 영향을 미친다는 연구결과가 많다. 가령, 팀 내 여성 구성원이 많아지면 의사소통이 활발해지고, 젊은 구성원은 그보다 연장자 구성원에게 새로운 아이디어가 나올 수 있게 자극하며, 다양한 직무를 맡았던 구성원은 새로운 시각으로 창의적인 아이디어나 문제 해결을 제시한다고 한다. 바로 이런 혜택들을 구성원들이 몸소 체험한다면 어떨까? 다름을 훨씬 더 쉽게 받아들일 수 있을 것이다.

많은 회사들에서 이용하는 역멘토링reverse mentoring이 바로 다름을 대놓고 이용하는 제도다. 잘 알려진 사례로 명품 브랜드 구찌는 이 역멘토링을 통해 경영난을 성공적으로 극복했다. CEO는 요즘 세대 구성원들과의 정기적인 미팅을 통해 새로운 트렌드를 읽었다고 한다.

일선 조직에서도 '디지털 이주민'인 기성세대 구성원들이 '디지털 원주민'인 젊은 세대들을 통해 다양한 IT 기술을 익히도록 할 수 있다. 미국의 디자인컨설팅 기업 아이디오IDEO처럼, 대놓고 다양한 배경을 가진 구성원으로 팀을 구성해 혁신으로 이어지게 할 수도 있다.

국내 한 외국계 제약회사의 현지 법인은 최대한 현지 직원과 외국인 직원이 팀을 이뤄 일하는 구조를 만들었다. 그 결과 글로벌 마케팅 전략과 현지 시장에 대한 통찰력이 상호 보완적으로 작용해 성과가 높아졌다. 이러한 경험을 바탕으로 기존 제약업이 아닌 식품, 화장품, 유통 등 다양한 업계의 인재를 영입하는 데에도 노력을 기울이고 있다.

다양할수록 성숙하다

누군가 말했다. 성숙함이란 수용의 폭이 늘어나는 것이라고. 구성원들이 '나와 다름'을 받아들일 수 있는 폭이 늘어나 더 성숙한 사람이 될 수 있도록 조직도 힘을 써야 한다. 공동으로 지켜야 할 최소한의 원칙을 명확히 하자. 다름이 실보다 득이 된다는 것을 경험할 기회를 잘 설계하자.

다음은 구글의 '다양성보고서Google Diversity Report' 첫 페이지에 나오는 글이다.

"우리가 모든 사람을 위한 창의적인 상품을 만들어낼 수 있는 것은 우리가 다양한 인종, 민족, 사회적 배경, 종교, 성별, 나이, 장애 여부, 성적 지향성, 참전 여부, 국적과 같은 다양한 배경 출신의 직원을 보유함으로써 그들의 다양한 관점을 우리 내부에 지니고 있기 때문이다. 직원의 다양성, 고객의 다양성, 사용자들의 다양성을 서로 찬미하는 일터를 만들어내는 것이 우리의 목표다."

건설적 대립을 위한
원칙들

우리 조직의 회의에서는 'No'를 외치는 사람이 한 명도 없다? 의견이 분분해 격렬한 토론이 이뤄지는 일은 좀처럼 보기 힘들다? 만약 그렇다면 이유는 뭘까? 윗사람에게 이견을 말했다가 혹시 불이익을 받지는 않을까 무서워서, 아니면 다들 수긍하는 것 같은데 혼자 튀는 게 싫어서다. 어느 쪽이든 '심리적 안전감'이 없다는 말이다.

《두려움 없는 조직The Fearless Organization》으로 국내 기업들에도 익숙한 이름인 에이미 에드먼슨Amy Edmondson 하버드대 교수. 그녀는 '혁신'이 성장의 원동력이 된 지금의 기업 환경에서는 '침묵'만큼 조직의 성과를 갉아먹는 것은 없다고 말한다. 그리고 리더가 다음 네 가지 질문에 긍정의 답을 할 수 없다면 그 조직은 절대 성장을 이뤄낼 수 없다고 단언한다. 즉, "우리 조직의 구성원들은 ① 눈치 보지 않고 아이디어를 말할 수 있는가? ② 실수를 솔직하게 털어놓을 수 있는가? ③ 도움을 요청하는 데 거리낌이 없는가? ④ 리더의 의견에 반대할 수 있는가?"이다.

어떻게 해야 구성원들이 어떤 말이든 두려움 없이 꺼내는 환경을 만들 수 있을까?

점심 메뉴를 고를 때를 떠올려보자. 어느 구성원의 최애 메뉴는 탕수육이지만 "난 짜장면"을 먼저 외친 팀장의 눈치가 보여서, 혹은 다른 팀원들이 모두 짜장면을 시키니 홀로 소외되기 싫어서 자신도 그냥 짜장면을 시키고 마는 상황이 벌어졌다면? 심리학에서는 전자를 '권위에 대한 복종obedience', 후자를 '다수에 의한 동조conformity'라고 부른다. 두 현상 모두, 조직에서 구성원이 생각을 자유롭게 말하지 못하고 있다는 방증이다. 이런 현상을 어떻게 막을 수 있을까?

리더부터 어깨에 힘을 빼라

첫째, 권위에 대한 복종이 만연한 문화가 문제라면 권위를 내려놓아야 한다. 조직 전반에 '나도 틀릴 수 있다'는 '겸손'이 퍼져

나가야 한다. 당연히 리더부터 먼저 어깨에 잔뜩 들어간 힘을 빼는 것이 변화의 시작이다. 조직문화는 대개 흐르는 물처럼 위에서 아래로 전파되기 때문이다.

그런 점에서 2000년대 파산 직전의 제록스를 극적으로 회생시킨 앤 멀케이Anne Mulcahy 전 CEO는 모범사례로 꼽을 만하다. 그녀의 별명은 '모르는 것의 달인Master of I don't Know'이었다. 30여 년을 제록스에서 근무하고 인사 부문 대표까지 맡았던 그녀가 정말 모르는 것투성이였을까? 그녀는 구성원들의 '입'을 열기 위해 '무지의 여왕'이 되기를 자발적으로 '선택'했다고 한다. 어려움을 타개하기 위해 한껏 카리스마를 내뿜어야 할 리더가 "나는 모른다"고 말하니 구성원들은 어땠을까? 리더에게 차근차근 설명해주며 자신의 의견을 스스럼없이 얘기할 수 있었고, 이것이 회사를 위기에서 구해내는 발판이 되었다고 한다.

MS의 CEO 사티아 나델라도 비슷하다. 그는 부임 후 처음 가진 회의에서 "제가 이 기술을 잘 모르니 설명해 주세요"라고 말했다. 그러고는 '모른다는 것은 멍청하다는 의미가 아니다'라며 MS에는 천재가 아니라 협력하는 팀이 필요함을 역설했다. MS가 '잃어버린 15년'을 딛고 회생에 성공한 데에는 그가 이끈 이런 변화가 큰 몫을 했다.

의도적인 갈등을 만들어라

둘째, 다수에 의한 동조 현상이 비일비재한 문화를 보자. 지금 우리 조직에는 만장일치로 일 처리가 이뤄지는 때가 많은가? 어쩌면 이는 '치료'가 필요하다는 신호일 수 있다. 즉, 소외에 대한 공포 때문에 '옳은 답'이 아니라 '집단의 답'에 끌려가고 있다는 거다.

이런 집단사고의 위험을 없애는 방법으로 '의도적인 갈등 조장'을 선택해 제도화할 수 있다. 대표적인 경우가 글로벌 기업 인텔이다. 이 회사의 회의실에는 '회의 중 세 번 이상 반대의견을 들었는가?'라는 문구가 걸려 있다고 한다. 일방적 지시와 통보의 문화가 아니라 열띤 논쟁을 통해 발전적인 방향을 모색하는 문화를 지향하기 때문이다.

이들은 '건설적 대립'을 위해 다음과 같은 네 가지 원칙을 두고 엄격히 지키도록 하고 있다. ① 갈등 당사자와 직접 대립하기. ② 감정이 아닌 이슈에 집중해 긍정적으로 대립하기. ③ 추론이 아닌 사실에 기반해 객관적으로 대립하기. ④ 미루지 말고 적시에 대립하기. 인텔의 전 CEO 앤디 그로브Andy Grove는 바로 이 건설적 대립의 조직문화가 인텔의 성공 원동력이라고 자신 있게 밝힌 바 있다.

의도적인 갈등 조장의 또 다른 방법으로는 '악마의 대변인' 제도를 들 수 있다. 이는 로마 교황청이 성인聖人 후보자에 대해 반대의견을 제시하는 조사관을 지명한 데서 유래했다. 즉, 토론이 필요한 이슈가 있을 때 누군가에게 딴지 거는 역할을 맡김으로써 집단사고로 인해 얼어붙은 경직성을 깨뜨리는 것이다. '레드팀 red team' 제도도 이와 유사하다. 이는 원래 군사용어로, 아군인 블루팀의 약점을 파악하기 위해 편성하는 가상의 적군이다. 조직에서는 새로운 기획이나 전략에 대해 약점을 공격하고 개선 방안을 찾아내는 역할을 부여받은 팀을 말한다. 선의의 비판자, 용서받는 싸움꾼이라고 할 수 있다.

글로벌 신용카드 회사인 아메리칸익스프레스는 '옴부즈맨 사무실'을 운영한다. 회사의 결정에 이의가 있는 구성원은 옴부즈맨 사무실을 찾으면 된다. 옴부즈맨과의 만남은 철저히 비밀리에 진행되고 어떠한 이의를 제기하더라도 기록에 남거나 회사로부터 부당한 대우를 받지 않도록 하는 것이 철칙이다.

싸우되, 미워하지 않도록

다시 한번 명심하자. 급변하는 세상에 정답은 없고 누가 옳은지도 알 수 없다. 이런 때일수록 살아남기를 원한다면 다양한 의견에 귀를 기울여야 한다. 의견이 극단적으로 갈린다면 격하게 치받고 싸워야 한다. 내부에서 치열해져야 외부와의 싸움에서 승률이 높아진다. 물론 그렇다고 아무렇게나 싸우게 해서는 안 된다. 의견 대립으로 인한 '피 흘림'이 없으려면 싸움의 장을 잘 마련해야 한다. 위아래 구분 없이 누구나 의견을 말할 수 있도록 권위적인 분위기를 제거해야 한다. 또 대립이 파괴적이 되지 않고 건설적이고 창조적으로 흘러갈 수 있도록 규칙을 꼭 명시해야 한다. 싸우지만 서로 미워하지 않고 후일의 보복을 걱정하지 않도록 말이다.

소소한 즐거움을
자주 경험하게 하라

즐거움이 있는 문화

인간이 행복해지기 위해서는 어떤 조건이 필요할까? 세계적인 행복학자 서은국 교수는 저서 《행복의 기원》에서 이렇게 이야기했다. "거창하고 그럴듯한 큰 행복이나 일상에서의 소소한 작은 행복이나 만족도가 지속되는 시간은 비슷하다." 즉, 행복한 사람은 복권으로 일확천금을 얻게 되는 사람이 아니라, 소소하고 시시한 기쁨을 자주 느끼는 사람이란다. 한마디로 행복은 기쁨의 강도intensity가 아니라 빈도frequency라는 것.

회사에서 느끼는 행복감도 마찬가지다. 승진하고 연봉이 큰 폭으로 뛰면 기분이 날아갈 듯하다. 하지만 그 기쁨도 잠시뿐이다. 급여가 매달 제때 통장에 들어오기 시작하면 별 감흥 없는 일상이 된다. 게다가 다음번에는 인상률이 이번보다 더 커져야 감흥이 생긴다. 소위 '당근과 채찍'이 효과를 내려면 점점 더 강도가 세져야 한다는 크레스피 효과Crespi Effect다.

그래서 좋은 조직문화에는 구성원들이 소소한 행복을 느낄 수 있게 하는 이벤트가 풍성하다. 물론 오해하지 말자. 임금 등 금전적 보상을 등한시하라는 얘기가 아니다. 외적 보상은 충족되지 않으면 '불만족'을 부른다. 반면 소소한 재미는 내적 동기부여와 마찬가지로, 충족되면 '만족'을 불러일으키는 요인이 된다. 소소한 즐거움이 가득한 조직문화를 만들고 싶다면 그 방법으로 다음 네 가지를 기억하자.

소소한 행복의 강력한 효과

첫째, 쪼개라! 앞서 말한 대로 행복은 크기보다 빈도가 중요하다. 그러니 1년에 한 번 성대한 행사를 열려고 하기보다 반기, 분기로 쪼개서 행사를 여러 번 하는 게 낫다. 국내 한 게임회사는 여름에 복날 행사, 가을에 옥상 피크닉 행사 등 다양한 계절별 사내 행사를 개최한다. 또 신규 게임을 런칭할 때마다 사내 이벤트를 연다. 게임에서 쓸 수 있는 쿠폰을 제공하는 간단한 이벤트부터, 일정 기간 동안 가장 높은 점수를 획득하거나 일정 레벨 이상을 달성한 직원 중 추첨을 통해 선물을 제공하기도 한다.

복지 프로그램도 비슷한 맥락으로 설계할 수 있다. 한두 개 프로그램에 큰돈을 쓰기보다, 같은 금액이라도 여러 개의 프로그램을 제공하는 것이 낫다. 그래서인지 요즘 대부분의 기업에서는 사내 복지 프로그램을 열 개 정도는 거뜬히 열거할 수 있을 정도다. 안마실, 플레이스테이션, 호텔 주방장이 운영하는 구내식당 등 아이디어도 갖가지다. 이런 '소소한 행복'의 효과는 예상외로 크다. 실제로 한 중소기업 직원은 "회사 작업복이 기존보다 좋은 퀄리티의 브랜드 제품으로 바뀌었는데, 그게 그렇게 신나는 일인 줄 몰랐다"라고 얘기하기도 했다.

경험하게 하라

둘째, 경험하게 하라! 인스타그램을 비롯해 SNS에 넘쳐나는 사진들은 대개 '경험'에 관한 것들이다. 요즘 세대는 제품 소비보다는 경험 소비에 더 큰 가치를 둔다는 연구결과가 이를 뒷받침한다. 요즘 세대뿐 아니다. 생활이 풍족해지면서 기성세대도 여행이나 자기계발 등 경험에 점점 더 큰 관심을 두고 있다. 회사도 이런 변화에 발맞춰야 한다. 구성원들에게 이색적이고 긍정적인 경험을 자주 하게 해주는 것이 좋다. 공연 관람이나 여행, 세계적인 콘퍼런스 참석 등과 같은 경험은 돈이나 물품과 달리 '비교'를 부르지 않기 때문이다. 또 새로운 환경에 노출시켜 시야를 넓혀 주는 역할도 한다.

'깜짝 이벤트'의 가성비

셋째, 놀라게 하라! 더운 여름날 아침 갑자기 시원한 과일주스 한 잔이 주어진다면? 한 주를 보내고 피곤이 첩첩이 쌓여 있을 때 '일 년에 한 번 올까 말까 한 날입니다. 오늘은 특별히 오전 근무만 합니다'라는 전사 통보가 날아든다면? 구성원들은 '대체 이 같은 급작스러운 기쁨은 무슨 연유일까' 궁금해하며 행복해할 것이다. '펀fun 경영'을 도입한 국내 한 회사는 과거 한창 배춧값이 올랐을 때 배추를 깜짝 선물해 구성원들을 기분 좋게 놀라게 했다고 한다.

그렇다. 사람의 뇌는 익숙한 일보다는 예상치 못한 일이 벌어졌을 때 더 주의를 집중하게 돼 있다. 매번 정기적으로 반복되는 똑같은 이벤트나 복지 프로그램은 어느 순간 당연하게 받아들이게 되므로 '깜짝 놀람'을 선사할 수 있도록 해야 한다. 가능하면 다양하게 그리고 예상하지 못한 방법이어야 한다. 그래야 같은 돈을 써도 가성비가 좋아진다.

페널티가 아닌 인센티브로 역공하라

넷째, 역공하라! 구성원들이 겪는 고통이나 어려움을 역이용하는 방법도 있다. 월요일 아침마다 출근하기 싫어 침대에서 뒹구는 직원들을 생각해보자. 당신이 CEO라면 어떤 아이디어가 떠오르는가? 한 컨설팅 업체의 선택은 '월요일 아침마다 모든 직원이 모여 조조 영화를 보는 것'이었다. 구성원들의 고통인 월요병에 집중해 이를 조조 영화로 해결한 셈이다.

나른한 오후의 피곤은 대부분의 구성원들이 겪는 어려움이다. 아예 제대로 된 수면실을 만들어 30분 정도 낮잠을 자게 하는 것도 행복을 안겨주는 방법이다.

흡연자는 회사를 다니기가 쉽지 않은 세상이다. 흡연실도 제대로 없고 또 자주 들락거리면 동료의 눈총을 받기 일쑤다. 이를 재미로 역공한다면 어떨까? 실제 '금연하지 않으면 승진 불이익'이 아니라 '금연하면 100만 원'을 지급하는 회사도 있다. 어느 쪽이 더 재미난 조직이겠는가.

한두 번으로 만족하면 안 된다

마지막으로 기억할 것 하나. 따분하고 재미없던 회사가 몇 차례 편 이벤트를 진행했다고 금세 즐겁고 행복한 회사로 바뀌지는 않는다. 조직문화가 잠깐 재미로 '변장'했다가 다시 스멀스멀 옛날로 돌아가지 않으려면 '변신'을 위해 엄청난 노력을 해야 한다. 구성원들의 재미를 기획하고 설계하는 별도 조직이 반드시 필요하다. 톱top 리더인 경영자의 적극적인 관심과 지원이 전제돼야 가능할 것이다.

제대로 된
긍정의 문화를 만들려면

긍정의 문화

"가난한 것, 못 배운 것, 허약한 것 모두가 나를 성공하게 한 신의 은총이다. 이 덕분에 많은 경험을 할 수 있었고, 배우기를 게을리하지 않았고, 운동으로 건강을 지킬 수 있었기 때문이다." 일본에서 경영의 신으로 불리는 마쓰시타 고노스케 파나소닉 창업자의 말이다.

우리나라에도 비슷한 얘기를 한 사람이 있다. 신창연 전 여행박사 대표다. 그는 "부도는 차라리 행운이었다. 돈다발에 묻힌 내 꼴의 추잡함을 모르고 살았을 것이다. (중략) 바닥까지 떨어진 회사의 운명은 차라리 행운이었다. 떠나야 할 사람과 남아야 할 사람들의 인적 구조조정이 자연스럽게 이루어졌다"라며, 사회생활을 시작하며 상사를 잘못 만난 것도, 그러다 회사에서 잘린 것도 다 행운이었다고 말한다. 인생의 모든 '불운'을 '행운'으로 해석하는 지혜를 보여준다.

어떤가? 두 사람 모두 틀림없이 평범한 사람은 아니다. 둘은 어떤 고난과 역경이 와도 '긍정적'으로 잘 헤쳐나갈 비범한 인물들이다. 그런데 회사에 위기가 찾아오면 리더는 바로 이런 태도를 가진 구성원들이 절실해진다. 위기라고 죽을상을 짓기보다 긍정적인 태도로 이겨내 주길 바라는 거다. 하지만 이런 바람은 과한 욕심 아닐까? 최악의 상황에서도 그런 긍정적인 태도를 유지하는 일은 어딘가 비범한 인물들만 할 수 있는 게 아닐까? 이는 반은 맞고 반은 틀렸다. 타고나기를 긍정성이 강한 사람도 있겠지만 후천적으로 길러지는 경우도 많다. 어떻게 해야 우리 조직에 긍정성이 넘쳐나게 할 수 있을까?

긍정과 낙천은 다르다

우선, 리더가 먼저 '긍정'을 확실히 분별할 수 있어야 한다. 이게 무슨 의미일까? 긍정과 부정의 차이, 긍정과 낙천의 차이를 명확히 알고 있어야 구성원에게 제대로 된 긍정의 메시지를 전할 수 있다는 뜻이다.

'긍정'과 '부정'은 어떻게 다를까? 밝고 활기차면 긍정적이고 어둡고 처져 있으면 부정적일까? 심리학에서는 자신이 영향력을 미칠 수 없는 일에 에너지를 쓰는 것을 '부정적' 행동이라고 한다. 날씨가 궂으면 왜 날씨가 이러냐, 교통이 막히면 왜 이 난리냐, 회사가 힘들어지면 왜 이 지경이 됐냐며 분노하고 불평하는 행동들이다. 내 노력으로 날씨를, 교통 상황을, 회사 경영난을 바꿀 수 없으니 다 쓸데없는 에너지 낭비다. 반대로 내가 영향력을 미칠 수 있는 이슈에 시간과 노력을 들이는 것이 '긍정적'인 행동이다.

그렇다면 '긍정'과 '낙천'은 뭐가 다를까? 혹시 과도한 목표를 요구받아도 그저 호기롭게 웃으며 '무조건 된다'고 얘기하는 구성원이 있는가? 이는 '맹목적 긍정', 즉 낙천일 뿐이다. 쥐뿔 가진 것도 실력도 없으면서 허세를 부리는 것 말이다. 낙천이 아닌 긍정은 지금 자신이 처한 환경을 정확하게 본 다음 주어진 목표를 달성하려면 어떻게 하는 게 좋을지 고민하는 자세다.

그럼 부정적이지도 않고 낙천적이지도 않은, 제대로 된 긍정적 자세는 어떻게 정의할 수 있을까? 바로 '냉철하게 현실을 인식한 다음 영향력을 미칠 수 있는 영역에 에너지를 쏟는 것'이다.

예를 들어보자. 회사가 힘들어지면 리더는 당장의 돌파구가 필요하다. 그래서 영업부서 구성원들에게 목표 매출을 좀 더 높여 제시한다고 해보자. 그런데 이때 "우리는 뭐든 이뤄낼 수 있다.

전년보다 20퍼센트 이상 매출 신장은 크게 어려운 일도 아니다. 부정적 생각은 버리고 긍정적으로 임하면 다 가능하다"라는 식의 메시지를 주면 안 된다. 어려워진 시장 환경에 대한 현실 인식도 없고 또 무조건 뭐든 다 찔러보라는 잘못된 방향성을 제시하는 식이기 때문이다.

그럼 제대로 된 긍정의 메시지를 전달한다면? "지금 우리가 처한 경영환경은 우리에게 유리한 상황이 아니다. 메인 사업 분야에 신규 경쟁 업체들이 너무 많아진 탓이다. 그런데 얼마 전부터 추진해오던 우리 신사업 분야는 오히려 시장환경이 좋아지고 있다. 이 부분에 전력투구해서 매출 신장을 꾀해보자." 어떤가? 목표 달성이 더 현실적으로 실현 가능해질 뿐 아니라 구성원들에게 제대로 된 긍정의 힘을 체험하게 할 수 있지 않을까?

다시 한번 강조하자면 이렇다. 우리가 처한 현실은 명확하게 인식시켜주되, 다만 어디에 집중하면 되는지를 명확하게 밝혀주자.

유머는 힘이 세다

다음으로 필요한 것이 의도적인 '유머'다. 실제 '세기의 경영인'으로 불리던 잭 웰치 전 GE 회장은 "기업이 어려움에 처할수록 경영자에게 요구되는 것은 결단과 유머"라는 말을 했다. '결단'

이 중요한 건 알겠는데 '유머'는 왜일까?

'유머러스한 리더'의 아이콘인 미국의 로널드 레이건 전 대통령. 그의 위트와 유머에 얽힌 일화는 셀 수 없이 많다. 그런데 가장 대단하게 느껴지는 것은 그가 총격을 받고 쓰러졌을 때 발휘된 유머다. 그는 중상을 입어 간호사들이 지혈하려고 하자 "우리 부인 낸시에게 허락을 받았나?"라고 농담을 건넸다. 응급실로 옮겨져 수술을 기다리면서는 의료진들에게 "당신들이 모두 공화당원이었으면 좋겠다"라고 말했다. 걱정하는 부인에게는 "여보, 총알이 날아왔을 때 영화에서처럼 납작 엎드리는 걸 깜빡 잊었어"라고 얘기했다. 생사를 넘나드는 상황이지만 '비장함'이 아닌 '가벼움'을 선택해 다른 사람들에게 정신적인 여유를 안겨준 것이다.

그렇다. 리더는 어려운 상황일수록 유머를 통해 구성원들의 경직되고 긴장된 마음을 풀어줘야 한다. 이미 벌어진 나쁜 일에 집중해서 그렇지 않아도 힘든 구성원들에게 스트레스를 가중시킬 필요가 없다. 웃을 수 있는 느긋함을 안겨주어 어려운 상황을 극복할 수 있도록 긍정 에너지를 불어넣어야 한다.

리더가 보여주는 유머의 습관은 자연스럽게 구성원들에게 전이돼 긍정적인 효과를 낸다. 국내 해충방제 업체 하면 떠오르는 곳, 세스코가 대표적인 사례다. 과거 인터넷에서 '세스코 유머'가 한창 인기를 얻은 적이 있다. 회사 홈페이지 Q&A 게시판에 올라온 고객의 황당한 질문에 유머러스한 답변을 내놓은 것인데 이런 식이다.

> Q : 바퀴벌레가 제 말을 알아듣는 것 같아요. 오른쪽으로 가라고 하면 오른쪽으로 가고 왼쪽으로 가라고 하면 왼쪽으로 갑니다.
>
> A : 저희 연구원 중에 바퀴와 대화하는 분이 계시긴 합니다. 그런데 사실 바퀴는 청각이 없답니다. 하지만 공기의 미세한 흐름을 감지하지요.

의도하지 않았지만 엄청난 PR 효과를 누린 이 게시판은 따지고 보면 우연이 아니다. 창업자인 전순표 회장의 남다른 유머 감각이 구성원들에게도 영향을 미친 것. 이 회사는 과거 창립 20주년 행사 때는 '쥐 위령제'를 열 정도로 유머가 조직 전반에 스며든 것으로 유명하다.

리더가 의도적으로 유머를 장착하는 것 말고도 다양한 이벤트를 통해 유머가 넘치는 긍정적 조직문화를 만들어갈 수도 있다. 정기적인 유머 대회나 올해의 유머왕 시상 등을 통해 업무에서 오는 스트레스를 해소하고, 경직되지 않고 정서적으로 느긋하고 푸근한 문화를 이끌어낼 수 있다.

물론 가장 중요한 것은 유머에 대한 CEO의 관심과 지지다.

CEO는 기업의 최종 전략을 결정하는 '최고경영책임자Chief Executive Officer'이자 구성원들에게 활기를 불어넣는 '최고 엔터테인먼트 책임자Chief Entertainment Officer'임을 꼭 명심하자.

'일관된 원칙'에서
신뢰가 생겨난다

여섯 살이 된 딸아이를 두고 엄마가 말한다. "언제까지 엄마가 다 해주겠니? 이제 네가 알아서 해야지!" 그리고는 옷도 혼자 입고 양말도 혼자 신게 한다. 지금까지 엄마가 해주던 때와 달리 시간이 오래 걸린다. 아이의 굼뜬 행동에 마음이 급해진 엄마는 결국 못 참고 딸아이의 옷을 입혀주며 말한다. "바쁘니까 그냥 엄마가 해줄게." 그러면 아이는 어떤 생각이 들까? '알아서 하라고 했으면서 왜 또 엄마가 다 해주지?' 하는 의문이 들면서, 앞으로 어떻게 하는 게 맞는지 혼란스럽다.

그렇다. '믿음이 있는 관계'를 만들려면 '원칙'을 세워야 하고 이를 '일관되게' 지켜내야 한다. 사람은 예측을 통해 어떻게 행동

할지를 결정하기 때문이다. 예측해보니 상대가 이럴 것도 같고 저럴 것도 같다면 내가 어떤 행동을 취해야 할지 갈피를 잡기가 어렵다. 그러면 상대를 믿을 수 없다. 조직도 다르지 않다. 원칙이 있으면 일관성을 보여야 한다. 그래야 '신뢰'가 생긴다.

약간의 괴리가 신뢰를 무너뜨린다

흔히 저지르는 실수는 외부적으로 우리 조직을 홍보할 때와 실제가 일치하지 않는 것이다. 홍보는 '호감을 사기 위해 외부에 알리는 활동'이니, 약간의 과장 정도는 용인할 수 있다는 생각 때문이다. 그런데 과장은 어쨌거나 사실보다 부풀려진 것이다. 과장과 실제의 '괴리'가 크든 작든 '신뢰'는 타격을 받는다.

가령, '수평적인 문화'를 지향하는 회사가 있다고 해보자. 그래서 회사 블로그를 통해 '우리 회사는 한국의 수평적인 조직문화를 앞장서서 이끈다'는 식의 글을 잔뜩 포스팅해놓았다. 하지만 현실은 그렇지 못하다. 수평문화를 만들기 위해 노력하고 있지만 수직적이고 위계적인 문화가 아직 군데군데 많이 남아 있다. 그런 회사에 다니는 구성원들은 자기네 조직을 '쇼윈도 조직'으로 인식하게 된다.

그러므로 중요한 것은, 홍보용으로 과장된 모습과 실제 모습의 괴리 자체를 인정하지 않아야 한다. 외부에 홍보하더라도 실제 있는 사실 그대로를 알려야 한다. 아니면 알려진 그대로와 같이 실제를 구현하기 위해 무진장 애를 써야 한다.

미국 할리우드 배우 중 가장 신뢰받는 인물로 꼽히는 톰 크루즈. 그는 영화를 위해서라면 무엇이든 할 수 있는, 그야말로 '영화에 진심인 배우'로 널리 알려져 있다. 이런 그의 이미지를 제대로 각인시킨 사건이 있었다. 바로 코로나 위기 상황 속에서도 영화를 촬영하기 위해 '상상을 뛰어넘는' 온갖 노력을 다한 것. 우선 그는 배우와 스태프의 안전을 위해 수억 원을 들여 숙소용 유람선을 대여했다. 그리고 촬영 중 방역수칙 준수를 위해 악역도 서슴지 않았다. 거리두기를 지키지 않은 스태프들을 향해 격한 분노의 욕설을 날리고 해고를 감행했다. 급기야 촬영 현장에서 방역수칙이 잘 지켜지는지 파악하는 용도로 로봇까지 투입했다. 그의 이런 '과민' 반응은 그가 평소 밝혀온 '영화산업에 대한 사랑'과 일치했기 때문에 그를 향한 대중의 믿음은 한층 더 강화됐다.

직장인들의 익명 커뮤니티 서비스를 제공하는 블라인드. 이 회사가 '익명성'이라는 서비스의 본질을 철저히 지켜내기 위해 세운 원칙이 있다. 바로, '잃어버리면 안 되는 것은 갖고 있지 않는다'는 것. 글 작성자의 정보를 잃어버리지 않기 위해, 개인을 식별할 수 있는 데이터를 아예 수집하지 않는다. 애초에 존재하지 않으므로 작성자 정보를 잃어버릴 수도, 누군가에게 제공할 수도 없다.

비즈니스적인 부분만이 아니다. 블라인드라는 서비스가 '소통'하는 조직문화를 위해 존재하는 만큼, 회사 문화를 통해서도 이런 철학을 구현하려고 애쓴다. 전사 미팅 자리에서 어떤 문제든 익명으로 공개하고 솔직하게 답변하는 식으로 투명한 소통을 꾀한다. 비즈니스적으로 내세우는 철학과 실제 기업 문화를 일치시킴으로써 회사에 대한 신뢰를 높이기 위해 노력한다.

원칙에 본질을 담고, 일관성 있게 지켜나가라

원칙을 향한 일관성은 회사가 위기라고 해서 예외일 수 없다. 아니, 위기일수록 더 철저히 지켜야 한다. 사람이든 조직이든 위기의 순간에 진가가 드러나는 법이니까.

그 점을 가장 잘 보여주는 사례가 바로 스타벅스의 하워드 슐츠 전 회장이다. 그는 회사가 급성장 중이던 2000년, 오래전부터 공표해온 대로 CEO 자리에서 물러났다. "고객은 2위다Customers are number two"라는 말을 남긴 채 말이다. 그러고는 8년 뒤 위기에 빠진 스타벅스를 살려내기 위해 다시 돌아왔다. 그가 제일 먼저 감행한 일은 무엇일까? 하루 동안 미국 전역에 있는 매장 문을 닫았다. 왜일까? 구성원들에게 휴식을 주는 동시에 정체성을 되새겨주기 위해서였다. 수십억 원의 매출을 날려버린 그에게 경영진이 볼멘소리를 해댔지만 그는 단호했다. '회사가 구성원을 우선시한다면 구성원은 고객을 만족시킬 것'이라는 신념에 따른 조치였기 때문이다.

스타벅스 고위 경영진 중 일부는 비용 감축을 위해 구성원들의 건강보험을 줄이자고 건의했다. 그는 어떻게 반응했을까? 다른 부분의 비효율을 줄여서 충분히 충당할 수 있는데 구성원을 향한 가치를 줄이는 것은 말이 안 된다는 입장을 고수했다. 결과는 어땠을까? 다들 알다시피 스타벅스는 2년 만에 회복세로 돌아섰고 이후 고속 성장했다. 일관성 있게 원칙을 준수한 결과다.

코로나19 팬데믹 위기를 맞아 진가가 드러난 사례도 있다. 미국의 월마트다. 사실 이 회사는 과거 저임금으로 많은 비판을 받았는데, 이후 구성원에 대한 처우를 꾸준히 개선해왔다. 그리고 '결국 월마트를 이끄는 힘은 구성원'이라는 사실을 공공연하게 알린 바 있다. 그러던 중 코로나라는 위기가 닥치자, 회사는 그동안 내세워온 메시지에 걸맞은 행보를 보여주었다. 우선 '구성원이 과도한 업무 강도에 지치지 않도록 하기 위해' 15만 명을 고용한다는 계획을 발표했다. 또 특별 보너스를 지급함과 동시에, 직원들만을 위한 전용 쇼핑 시간과 할인 정책을 마련했다. 이 모든 것은 CEO 레터에 쓰인 대로 "스트레스 가득한 시기에도 꾸준히 헌신하는 구성원들과 그 가족에 대한 감사의 표시"였다.

누군가는 의문을 제기할 수 있다. 지금처럼 급변하는 세상에서 "과거에 세운 원칙을 지키라"는 말이 현실적이지 않다고. 그러므로 더더욱 그 원칙은 바로 '본질'에 관한 것이어야 한다. 어떤 상황에서도 의사결정의 중심축으로 적용될 수 있는 것이어야 한다. 우리 업과 조직을 지탱하는 본질은 무엇인가, 우리에게 10년이 지나도, 20년이 지나도 변하지 않을 신념과 핵심 가치는 무엇인가에 대해 진지하게 고민해야 한다. 그리고 그에 대한 답을 원칙으로 내세워야 한다. 물론 그 답은 조직마다 다를 수 있다. 월마트와 스타벅스는 '구성원 중심'이었지만 아마존은 '고객 중심'이다. 단 하나의 정답은 없다. 조직마다 저마다의 답이 있을 뿐이다.

서로 친해져야
일도 잘된다

"구글러는 모든 화상회의를 ○○으로 시작한다!"

○○에 들어갈 말은 무엇일까? 정답은 '잡담'이다. 월요일이라면 주말에 무엇을 했는지, 오후 시간이라면 점심은 뭘 먹었는지, 새 컵을 들고 있다면 어디서 얼마에 주고 샀는지 등이 주제다. 전체 회의 시간 30분 중에 10분을 잡담에 할애하기도 한다. 정말 생산성과는 눈곱만치도 관련이 없어 보이는데 대체 이유가 뭘까? 실제 만나서 웃고 떠들며 대화하듯이 '친밀감'을 형성해야 업무적인 대화에서도 마음 편하게 어떤 이야기든 할 수 있다는 생각 때문이다. 즉, 그들은 '친해져야 일도 잘된다'는 믿음을 갖고 있다. 정말 그럴까?

서로 친하면 업무 몰입도가 높아진다

미국에서 진행된 재미난 실험이 있다. 친밀감이 조직 성과에 어떤 영향을 미치는지 알아보는 실험이다. 일단 학생들을 모아놓고 '친한 친구 그룹'과 안면이 있는 정도의 '지인 그룹'으로 나누었다. 그러고는 성격이 다른 두 가지 과제를 주었다. 하나는 함께 머리를 모아 의사결정을 내려야 하는 과제, 또 하나는 반복적인 노동이 필요한 과제였다. 실험의 결과는? 두 과제 모두에서 친한 친구 그룹이 덜 친한 그룹을 훨씬 앞섰다. 친구 그룹은 시작부터 과제에 몰입해 적극적으로 소통하며 협력했다. 실수가 나왔을 때는 피드백도 서슴지 않았다. 반대로 덜 친한 그룹은 협력하기보다는 각자 고민하고 과제를 수행하는 편이었다. 소통이 편하지가 않아서 누가 실수하더라도 그냥 지켜만 봤다.

그래서 미국의 사회심리학자인 론 프리드먼Ron Friedman은 "조직 내에 친한 사람들이 많으면 업무 몰입도가 더 올라간다"고 주장한다. 친한 사람들을 실망시키지 않고 더 좋은 평가를 받으려 애쓰기 때문이란다. 긍정적인 의미의 '동료 간 압력peer pressure'이 발생한다는 거다.

결국 조직에서도 친밀감이 있는 문화를 만들어야 한다. 분위기도 좋고 성과도 좋은 일석이조의 상황을 얻을 수 있으니 말이다. 그러려면 어떻게 해야 할까?

친밀감 있는 문화를 만들려면

전문가의 조언은 '파티 주최자처럼 생각하라'다. 파티 분위기를 띄우는 것과 같이 조직의 분위기를 띄우기 위한 고민을 하라는 얘기다. 그러려면 무엇이 필요할까? 사람들끼리 삼삼오오 자유롭게 모여 이야기를 나눌 수 있는 분위기, 이야깃거리가 떨어져도 재미나게 놀 수 있는 다양한 프로그램, 결국 이 두 가지가 핵심이다.

첫째, 분위기 조성. 사람들이 이야기를 나누려면 일단 서로에 대한 정보가 있어야 한다. 정보를 바탕으로 유사성similarity이 있는 사람들끼리 자연스럽게 모여 대화를 주고받게 되니 말이다. 경력 입사자는 다른 경력 입사자를 찾아 조직 적응과 관련된 팁을 들을 수 있고, 워킹맘은 워킹맘끼리 모여서 육아 경험을 나눌 수 있고, 애견인은 함께 모여 강아지와 함께하는 일상을 나눌 수 있다.

그래서 미국의 한 회사는 구성원 프로필에 기본적인 스펙 이외에 개인사나 취미 활동에 대해서도 자세히 기재토록 한다. 신입이든 기존 구성원이든 서로 개인적인 친분이 쌓이게 하는 데 이런 정보들이 도움이 되기 때문이다. 우리 조직도 구성원들의 개인 정보를 자연스럽게 공유하는 자리를 만들어보자. 지금 사는 곳, 가족관계, 취미, 고민거리, 친한 동료관계, 꿈 등에 대한 얘기를 나눌 수 있도록 사내 SNS를 활용하는 것도 방법이다.

분위기를 조성하는 또 하나의 방법으로, 스몰토크가 자유롭게 오가는 환경을 만들 수도 있다. 편안하게 앉아 이야기 나눌 공간이 사내에 많아야 한다는 거다. 아예 별도의 시간을 마련할 수도 있다. 미국의 한 대형 은행 콜센터는 직원들끼리 매일 일정 시간 의무적으로 스몰토크를 나누게 했더니 성과가 좋아졌다. 스트레스 해소에 도움이 되고 또 서로 친밀해지면서 업무 노하우까지 나눌 수 있었기 때문이다.

매칭 프로그램을 운영할 수도 있다. 글로벌 회계법인 PwC에는 경영진과 구성원들이 사적인 친분관계를 쌓도록 하는 프로그램이 있다. '파트너 커넥티비티Partner Connectivity'라고 불리는 이 프로그램을 통해 경영진은 최대 열다섯 명의 구성원과 특별한 유대관계를 맺는다. 대개 리더와 구성원이 매칭되면 코칭이 이뤄질 거라고 기대하지만, 이 프로그램은 다르다. 구성원의 가족을 만나거나 구성원의 취미와 관심사를 공유하도록 한다. 친밀한 인간관계를 중요하게 생각하는 회사의 철학이 묻어 있는 프로그램이다.

둘째, 파티처럼 조직의 분위기를 띄우는 방법은 바로 다양한 네트워킹 프로그램. 어학 수업이나 요가 수업 등에 비용을 지원해서 구성원들이 함께 참여하도록 한다. 이때 중요한 것은 선택의 자발성이다. 가령 다섯 명 이상이 어떤 활동을 하기 위해 동아리를 만들겠다고 하면 비용을 지원하는 식이다. 회사에서 프로그램을 열어놓고 참여하라는 방식보다 훨씬 자연스럽다.

몇 년 전 소개된 바 있는 국내 IT 솔루션 업체의 익스트림 스포츠 동호회가 모범적인 사례다. 이들은 다양한 직급과 다양한 부서의 구성원들이 자발적으로 모여 패러글라이딩, 수상스키, 번지점프 등을 즐긴다. 특히 이 동호회는 동행인의 활동비까지 지원받을 수 있어 동료의 연인이나 가족들과 자연스럽게 만나게 되면서 친밀감을 더 돈독히 한다고 한다.

관계에 관한 흔한 오해

한편, 친밀감이 높은 조직문화를 조성하기 위해서는 관계에 대해 흔히 하는 오해를 없애는 것도 중요하다. 그중 첫째는 친한 사람들끼리 있으면 그렇지 않은 사람들에게 배타적일 거라는 염려다. 내그룹in-group과 외그룹out-group의 차별을 걱정하는 시선인데, 이는 기우일 뿐이다. 오히려 사람들 간의 관계가 메마르고 기계적일 경우, 경직된 분위기에서 외그룹 사람들이 더 적대감을 느끼기 쉽다고 한다.

둘째는 친밀관계를 밀착관계와 혼동하지 말아야 한다는 것이다. 흔히 친밀관계가 강해지면 서로 쓴소리도 하지 못하고 비위도 눈감아주는 일이 생기지 않겠느냐는 걱정을 한다. 하지만 연구에 따르면 친밀한 관계일 때 오히려 스스럼없이 비판적인 의견을 주고받을 수 있다고 한다. 관계 속에 자신의 주장이 없고 경계가 없어지면 이는 밀착관계에 가깝다. 밀착관계는 가족 간에도 바람직하지 못한 것으로, 경계해야 할 관계 유형이다.

아직도 친밀한 문화에 의구심을 가진 리더가 있는가? 실리콘밸리의 어느 CEO가 한 말을 되새겨보자. "나의 최고의 아이디어들은 동네 술집에서 술 한잔하면서 나왔다. 근무 시간 외에 어울릴 만한 사람들이야말로 당신을 기꺼이 일하러 가고 싶게 만들고 가족의 일원처럼 느끼게 해주며 회사를 성공시키기 위해 무엇이든 할 수 있도록 만든다."

'리스펙트'는
권리가 아니라 성취다

　자녀들에게 '~씨'라고 부르며 존댓말을 쓰는 아빠가 있다. 배우 최수종이다. 자녀들이 아주 어렸을 때부터 그랬단다. 다른 사람들이 '자식과 거리감이 생기지 않냐'고 묻자 그는 반대라고 답했다. 오히려 관계가 더 살가워진다는 것. 자녀들도 같은 생각인지 직접 물었다. 답은 예상대로다. 부모가 자신을 억압하지 않고 동등한 인격체로 존중해주니까 어떤 얘기든 스스럼없이 하게 되고 소통도 더 잘된다고 한다. 최수종은 자녀를 혼낼 때조차도 존댓말 쓰기에 예외를 두지 않는다. 그래서인지 자녀들은 '가장 존경하는 사람'을 아빠로 꼽는다. 최수종은 자녀들을 '존중'함으로써 '존경'을 얻어냈다. '존경은 권리가 아니라 성취'라는 생각이

들게 하는 사례다.

조직도 마찬가지다. 구성원들로부터 존경받고 소위 '영슾이 서는' 회사를 만들고 싶다면 제일 빠른 방법은 구성원들을 먼저 존중해주는 것이다. 군대식으로 찍어 누르면 당장은 따라올 수 있겠지만 자발적인 존경은 절대 기대할 수 없다. 구성원들은 눈치를 보다가 언제든 눈치 보지 않아도 되는 곳으로 떠날 준비를 한다. 자유가 아닌 복종을 택할 사람은 세상에 많지 않다. 그렇다면 궁금해진다. 어떻게 해야 구성원들이 존중받는다고 느낄까?

답은 하나다. '인간'에 대한 '정중함civility'을 갖춰야 한다. 자식이라고 해서 부모의 소유물이 아니듯, 구성원도 조직의 부속품이 아니다. 구성원이 한 인간으로서 기본적으로 원하고 바라는 것이 무엇인지에 귀 기울이고 최대한의 예의를 보여야 한다. 일에 치여 개인의 삶을 제대로 돌볼 수 없다고 하는 구성원에게 배부른 소리 하지 말라고 한다면 그건 사람에 대한 정중함이 없는 태도다.

정중함을 갖춘 리더십

바로 이 '정중함'을 오래전부터 설파해온 경영자가 있다. 미국의 캠벨수프Campbell Soup Company를 살려낸 전설적인 CEO 더글러스 코넌트Douglas Conant다. 그가 CEO로 취임하기 전의 캠벨수프는 한마디로 엉망진창이었다. 구성원 업무 몰입도를 조사한 갤럽이 '지금껏 본 〈포천〉 500대 기업 중 최악'이라고 혹평할 정도였다. 그도 그럴 것이 코넌트가 취임하기 전 이 회사의 구성원 몰입도는 2 대 1을 밑돌았다. 구성원 세 명 중 두 명은 설렁설렁 대충이라도 일하지만 나머지 한 명은 적극적으로 빈둥댄다는 것.

코넌트는 바로 이런 회사를 맡아 10년 만에 완벽하게 회생시키는 데 성공했다. 재무적인 성적표는 말할 것도 없고 구성원 몰입도도 깜짝 놀랄 만큼 달라졌다. 2010년 갤럽에 따르면 캠벨수프의 구성원 몰입도는 17 대 1을 기록했는데 이는 열여덟 명 중 고작 한 명만이 게으름을 피운다는 뜻이다. 세계 최고 기업들이 10 대 1에 조금 못 미치는 수준이라는 점을 감안하면 엄청난 변화다.

이런 기적에 가까운 성과를 만들어낸 것이 다름 아닌 '정중함'의 리더십이다. 코넌트는 업무 몰입도가 2 대 1이 말이 되냐며 구성원들을 향해 고함치고 막말을 쏟아내는 대신 '따뜻한 마음'을 들이밀었다.

그는 빈둥거리는 구성원이라고 해서 무시하지 않았다. 사람이라면 누구 할 것 없이 직장에 나와 일해야 하는 이유가 있다고 생각했다. 즉, 생계를 꾸리고, 직장이라는 공동체 속에서 인정받으며, 배우고 성장하고, 업적을 남기는 것. 업무 몰입도가 높든 낮

새로운 시대 조직의 조건

든, 사람이라면 누구나 이 네 가지를 원한다고 여겨 이에 집중했다. 그래서 그의 행보는 남달랐다.

첫째, 그는 매일 10여 통에 달하는 자필 편지를 썼다. 회사를 위해 옳은 일을 한 구성원, 전략을 잘 수행한 구성원, 고객 서비스를 잘 펼친 구성원을 향해 감사 인사를 담았다. 이렇게 그가 CEO 재임 기간인 10년 동안 쓴 편지가 무려 3만 통에 달한다.

둘째, 그는 매일 30분씩 짬이 날 때마다 만보기를 차고 회사 곳곳을 돌아다녔다. 여기저기를 다니며 마주치는 구성원들과 대화를 나누기 위해서였다. 회사에 대해 그리고 구성원 개개인에 대해 다양한 정보를 취할 수 있는 시간을 의도적으로 만들었다.

셋째, 우연히 마주치는 구성원에게 그가 던지는 말은 하나였다. "내가 어떻게 도와줄까요?" 그는 리더로서 제대로 존경받으려면 결국 구성원의 어려움을 챙기고 조직이 나서서 어떻게 도와줄지를 고민해야 한다는 입장을 늘 견지했다.

사실 코넌트는 구성원들과 조직으로부터 신뢰받지 못하는 리더급 직원들을 대규모로 해고하는 등 '성과에 대한 엄격함tough-minded on the performance'에 대해서는 무서울 정도였다. 조직은 친목단체가 아니라 성과를 내야 하는 공동체이기 때문이다. 하지만 이와 동시에 그는 '사람들에 대한 따뜻한 마음tender-hearted with people'을 무엇보다 소중하게 여겼다. 코넌트가 생각한 '정중함'은 서로에게 기대되는 '기본'을 지키는 것과 동의어가 아니었을까.

정중함은 인간으로서 최소한의 존엄성을 지켜주는 일

사람에 대한 정중함이라고 하면 떠오르는 또 다른 리더가 있다. 세계적인 거장 반열에 오른 봉준호 영화감독. 그 또한 사람에 대한 기본을 지키려 노력한다는 점에서 코넌트의 리더십과 닮았다. 수십 명의 스태프가 동원되는 영화 촬영 현장은 십수 년 전만 해도 막말이 오가고 이른바 '노동 착취'가 횡행하던 곳으로 악명 높았다. 영화산업노조가 출범하고 관련 법 개정이 이뤄지기 전까지 말이다.

그런 열악한 촬영 현장에서 그는 유난히 '밥때'를 칼같이 지키는 것으로 유명하다. 사실 영화 제작 현장은 빠듯한 스케줄 때문에 식사 시간을 지켜가며 일하기가 여간 쉽지 않다. 그동안에는 다들 어쩔 수 없는 관행으로 여기고 그냥 넘겨왔지만, 봉준호 감독은 이를 당연하게 여기지 않았다. 식사 시간만큼은 철저히 지켜냈다. 스태프를 귀하게 여기고 정중하게 대하는 마음이 있어야 가능한 일이었을 것이다.

그는 또 언제나 우선순위를 '사람'에 두고, 사람을 가장 먼저 챙긴 것으로도 존경받는다. 영화 〈기생충〉을 촬영할 당시 엄청난 폭염 속에서 아역 배우가 야외에서 찍어야 하는 장면이 있었다. 긴 시간 촬영은 아니었지만 성인도 체력적으로 힘든 날씨라 봉 감독은 어린 배우를 걱정했다고 한다. 결국 날씨가 선선해지는 가을에 그 장면만 별도로 촬영하기로 결정했다. 후에 편집 과정에서 CG 합성에 들어가는 비용이 만만치 않았지만, 그는 "아이 보호를 위해 충분히 가치 있는 일이었다"고 말했다고 한다.

실제 아역 배우를 위한 배려는 영화 촬영 내내 이어졌다. 밤에 이뤄지는 촬영이 많았는데 아이들의 취침 시간이 늦어지는 것이 신경 쓰였던 봉준호 감독은 성인 배우들에게 협조를 구해 아이들이 들어가는 장면을 우선적으로 진행했다.

영화 〈기생충〉에 담긴 메시지도 그의 철학과 비슷하다. 가장 낮은 곳에 있는 사람에게도 인간으로서 최소한의 존엄이 필요하다고 말이다. '사람'을 향한 그의 진정성이 있었기에 세계인을 사로잡은 영화도 만들어질 수 있었을 것이다.

위에서 아래로 정중함이 흐르게 하라

영어로 '존중'은 'respect'다. 이 말의 어원은 라틴어로 re(다시)+spectare(보다)인데, '다시 살펴보다'라는 의미를 갖고 있다. 상대의 입장에서 무엇이 충족되기를 원하는지 고민하고 의도적인 노력을 기울여야 한다는 뜻이다. 최수종의 존댓말 쓰기와 코넌트의 편지 쓰기 그리고 봉준호 감독의 밥때 지키기 등은 말처럼 쉬운 일이 아니다. 작심하고 꾸준히 애써야 가능한 일이다.

조직 전체에 존중하는 문화가 퍼지게 하려면 위에서 아래로 정중함이 흐르게 하는 것이 가장 효과가 좋다. 구성원을 이끄는 리더가, 또 그 리더를 이끄는 경영진이 먼저 나서서 솔선수범을 보이자. 리더가 의도적인 노력을 지속할 때 조직에도 존중과 존경의 분위기가 파도처럼 번져나갈 수 있을 것이다.

묵묵부답보다
구구절절이 낫다

밝히는 문화

　'직장인 대나무숲'에 대해 한번쯤 들어보았을 것이다. '대나무숲'이란 "임금님 귀는 당나귀 귀"로 잘 알려진 《삼국유사》 속 신라 경문왕의 설화를 본떠, 아무에게도 꺼내놓지 못한 속마음을 털어 놓도록 한 인터넷 공간이다. SNS상에서 익명으로 소통하는 게시판인 셈이다. 직장인 커뮤니티 앱 서비스인 블라인드가 그 대표 격이다. 직장인들은 자신이 다니는 회사와 관련해 어쩌다 알게 된 '고급 정보'를 조심스레 털어놓는가 하면, 억울한 일을 당했는데 달리 하소연할 데가 없을 때 이곳에다가 마음껏 속내를 풀어놓는다. 2020년 말 시가총액 기준 1000대 기업 재직자의 80퍼센트 이상이 회원이라고 하니, 가히 직장인들의 '은밀한 소식통'이

라 해도 과언이 아니다.

그런데 바로 이 블라인드를 기업들은 골칫거리로 여긴다. 감추고 싶은 회사의 문제들이 낱낱이 까발려지기 때문이다. '땅콩회항', '폭언 회장' 등 대표적인 직장 내 갑질 사건을 비롯해 특정인의 비위, 비윤리적인 관행이 이곳을 통해 만천하에 드러났다. 기업을 운영하는 입장에서야 괴롭겠지만, 사실 이는 사필귀정이다. 어찌 됐든 요즘 같은 세상에 탄로 날 수밖에 없는 일들이고 결국에는 더 나은 기업을 향해 한발 나아가는 길을 튼 것이니 말이다.

기업 입장에서 억울한 부분은 따로 있다. 사실관계가 정확하지 않은 갖가지 루머와 가십이다. 조직 개편이나 구조조정 등과 관련된 온갖 '썰'이 키보드 워리어들에 의해 부풀려져 돌아다닌다. 잘못된 정보와 오해로 기업 이미지가 훼손되는 것은 물론 주가 하락 등 실질적인 피해로 이어지기도 하니, 항상 감시의 눈길로 예의주시하는 경우가 많다.

'진짜 문제'는 쉬쉬하는 데서 온다

따지고 보면 '문제없는 조직'은 없다. '진짜 문제'는 사실을 감추고 부인하고 정보를 차단해버리는 것이다. 사람 마음은 다 비슷하다. 누구에게나 오픈된 얘기는 심드렁하게 여기는 반면, 쉬쉬하는 비밀은 자꾸 입에 올리고 싶어진다. 악성 루머가 생겨나는 이유는 바로 정보 처리가 불투명하기 때문이다. 그래서 명명백백 '밝히는' 조직문화가 필요하다.

국내 1위 배달 앱 배달의민족을 운영하는 우아한형제들도 사내 투명한 정보 공유를 위해 많은 노력을 기울이는 회사 중 하나다. 이들의 중요한 철칙 하나는 '회사의 중요한 소식은 외부에 알려지기 전에 먼저 구성원들에게 직접 밝힌다'는 것. 만약 가족이나 절친의 결혼 소식을 다른 사람을 통해 듣는다면 얼마나 서운하겠는가. 회사도 마찬가지다. 중요한 소식을 언론을 통해 듣게 된다면 '나는 이 회사에서 아무것도 아닌 존재구나'라는 생각을 하지 않을 수 없다.

그래서 우아한형제들은 딜리버리히어로와 진행했던 인수합병과 같은 엄청난 대형 뉴스도 언론에 보도되기 전에 전사에 공유했다. 물론 민감한 뉴스인 만큼 '딱 10분 전'에 전사 이메일을 통해서였다. 창업자이자 당시 대표였던 김봉진 의장은 장문의 글을 통해 M&A의 취지와 의도, 오너십의 변화 등을 비롯해 합병이 구성원들에게 어떤 의미가 있는지, 앞으로 어떤 비전을 꿈꿀 수 있는지 구구절절 밝힌 바 있다.

특히 이메일의 마지막 부분에서 "또 궁금해하실 여러 질문들을 아래와 같이 적어봅니다"라는 문구와 함께 구성원들이 가장 궁금해할 수 있는 정보 세 가지를 추려 문답식으로 알려주었다. 그것은 첫째, '회사의 경영진은 그대로인가요?', 둘째, '지금의 회사 이름, 서비스명, 비전, 복지와 인사정책도 바뀌나요?', 셋째, '요기요(인수하는 회사 소유)와는 합치나요?'였다. 구성원들의 입장에서서 무엇이 가장 궁금할까를 고민한, 그야말로 세심한 배려가 묻어나는 정보 공유다.

밝히는 입장보다는 듣는 입장에서

제대로 밝히는 조직이 되기 위해 반드시 필요한 것은 무엇일까? 그렇다. 밝히는 쪽이 아니라 듣는 쪽의 입장이 되는 '관점 전환'이다. 예를 들어보자. 회사가 구성원들에게 전하는 소식 중 가장 힘들고 불편한 것은 무엇일까? 아마도 구조조정이나 인력감축 소식일 것이다. 너무나 미안하고 안타까운 마음에 가능한 한 끝까지 피하고 싶은 뉴스일 터다. 그래서 흔히 하게 되는 실수가 밝히는 쪽의 난처함만 가득 담긴 공유다.

2020년 전례 없는 코로나19 사태로 여행업계가 직격탄을 맞은 가운데, 한 여행사 대표가 쓴 이메일이 논란을 빚은 바 있다. 그는 대규모 감원을 진행하는 상태에서 일부 직원에게 '마지막 메일일 것 같네요'라는 제목으로 이메일을 썼다. 내용을 요약하면, '제정신으로는 못 할 거 같아서 술을 마셨다, 희망퇴직도 잔고가 없어 대출받아 지원한다, 그놈의 알량한 돈이 없다, 여러분만은 어쩔 수 없었을 거라고 생각해달라'였다.

물론 안타까운 마음은 백번 천번 이해가 간다. 하지만 그것은 정보를 가진 쪽의 입장일 뿐이다. 하루아침에 생계를 잃은 구성원들의 입장에서 왜 이런 결과로 이어질 수밖에 없었는지 납득할 수 있게 상세한 정보를 밝혀야 한다. 구성원들 사이에서 "말로는 희망퇴직이지만 내쫓는 거나 다름없다", "부동산만 정리해도 최소 1년은 버틸 수 있다" 등과 같은 뒷말이 무성했던 것은 어찌 보면 당연했다.

반면, 그보다 5개월여 앞서 인력감축을 발표한 회사가 있다. 글로벌 숙박공유 업체 에어비앤비Airbnb다. 이 회사의 CEO 브라이언 체스키Brian Chesky가 보낸 메시지는 어떻게 '제대로 밝혀야' 하는지를 보여준 모범 사례다.

'중대발표'라는 제목의 글에서 그는 '가족과 같은 사람들을 떠나보내야 하는 현재 상황이 괴롭지만 에어비앤비를 떠나게 된 당사자들은 훨씬 더 힘들 것이라고 생각한다'라고 기본 입장을 먼저 전한다. 그러고는 A4 다섯 장 분량이 훌쩍 넘는 긴 글을 통해 인력감축 결정의 배경, 기준과 절차, 퇴사자들을 위한 지원 및 후속 조치에 관해 세세하게 밝힌다. 회사는 '감축 대상자와는 반드시 단독 면담을 통해 절차를 진행한다'는 원칙을 세워 당사자가 충분히 소통하고 배려받을 수 있도록 했다. 이어서 퇴직금은 근무 연수에 따라 어떻게 계산해 지급하는지, 퇴사자에게 주식을 지급할 예정인데 그 방식과 정확한 지급일이 언제인지, 회사가 의료보험과 정신과 상담을 각각 몇 개월간 지원할 예정인지, 퇴사하는 임직원에게 새로운 일자리를 찾아주기 위해 어떤 구체적인 지원책을 마련하고 있는지까지 아주 상세하게 밝힌다. 이보다 더 자세할 수 있을까 싶은 생각이 절로 든다. 더 이상 추가 질문이 필요 없을 정도지만 CEO는 이틀 뒤에 Q&A 세션을 개최하겠다며 정확한 시간도 알려준다. 그리고 마지막으로 맺음말을 통해 CEO가 그간 깨닫게 된 점, 남는 사람과 떠나는 사람 각각에게 전하는 메시지를 담담하지만 최대한 공손하게 그리고 애정을 담아 전달한다. 떠나는 사람에게는 '개개인이 잘못해서가 아니라 변화된 상황에서 비즈니스의 전략적 조정을 위해 어쩔 수 없다'며 그간의 노력에 대한 인정을 충분히 표현한다. 또 남는 사람들에게는 '떠나는 동료들을 기리는 가장 좋은 방법은 지금까지의 기여가 헛되지 않았음을 보여주는 것'이라며 성과를 계속 이어가 주기를 당부한다. '숨김'에 대한 의심이 없어지려면 '밝힘'이 제대로 돼야만 한다는 사실을 보여주는 좋은 사례다.

기억하자. 좋은 소식이 아니라 나쁜 소식일수록 조직은 소상히 밝혀야 한다. 그래야 오해가 없고 뒷말이 없다. 구성원의 입장에서 궁금한 것은 결국 두 가지다. 왜 지금 이런 소식을 전하는지 의도intention와, 이 소식이 나에게 미칠 영향impact이다.

PART 3

일 관리

새로운 시대에 효율을 내는
14가지 업무법

10년이면 강산도 변한다는 속담은 이제 바뀔 때가 되었다. 21세기 강산은 매년, 매달, 매일 변한다. "일은 성실하게 끝까지 자기 책임을 다하면서 하는 것이다." 필자가 직장생활을 시작할 무렵, 사수가 가르쳐준 내용이다. 무려 20년 전에. 지금도 그럴까? 앞으로는 성실하게보다는 효율적으로가 더 중요하다. 끝까지 하는 것보다 애자일하게 바꾸는 것이 더 필요하다. "다른 결과를 기대하면서 똑같이 하는 것만큼 미친 짓은 없다"고 아인슈타인이 말했다. 3장에서는 이렇게 바뀐 새로운 시대, 어떻게 일해야 할지 방법을 찾아본다.

워크 다이어트가
더욱 중요해진 시대

세상이 급변하고 있다. 기술 발전으로 개개인의 삶의 양식이 빠르게 변화할 뿐 아니라, 우리가 하는 일에도 미치는 영향이 지대하다.

경영환경이 변하면 그에 따라 업무가 변한다. 굳이 바꾸라고 요구하지 않아도 자연스럽게 변하게 된다. 손으로 작성하던 보고서는 타이핑을 쳐서 완성한다. 음악을 팔기 위해 레코드판을 제작하는 대신 디지털 음원을 만든다. 골goal인지 노골no goal인지 심판의 눈으로 판단하지 않고 VARVideo Assistant Referee 판독을 한다. 환경이 달라졌는데 손으로 보고서 쓰겠다, 레코드판 만들겠다, 눈으로 심판 보겠다 주장할 수는 없는 법. 변화는 그렇게 환경에

등 떠밀리듯이 시작된다. 변화한 환경에 적응하다 보면 우리 업무도 변하게 된다. 문제는 그사이에 미처 변하지 못한 업무까지 쌓인다는 것. 인간의 시간은 24시간으로 정해져 있는데, 업무는 새 업무와 기존 업무가 뒤죽박죽 섞인다.

세상이 급변하면 우리 업무는 어떻게 될까? 변화의 속도만큼 기하급수적으로 많아진다. 이미 다들 느끼고 있을 것이다. 기존에 없었던 새로운 업무들이 엄청나게 많아져 있을 것이다. 한 번도 경험해보지 못한 업무들이 물밀듯이 떠밀려 올 것이다. 기존 업무들도 나름대로의 존재감을 과시하며 몸집을 불린다. 도저히 주어진 시간 안에 그 많은 일을 다 해낼 수가 없다.

2019년 시작된 '주 52시간 근무제', 노동시간 축소는 이러한 흐름에 방아쇠를 당겼다. 월화수목금금금으로 일하던 기성세대는 워라밸을 강조하는 요즘 세대에게 더 이상 야근, 특근을 요구하지 못한다. 일은 넘쳐나는데 시간도 모자라고, 사람도 모자라고, 공간도 모자라다. 그래서 많은 조직들이 워크 다이어트에 눈을 돌린다. 워크 다이어트는 더 이상 혁신 프로젝트가 아닌 필수 프로젝트가 되었다. 문제는 여기서 시작된다.

오래된 컨설팅 주제, 워크 다이어트

워크 다이어트는 사실 새로운 것이 아니다. 가장 오래된 컨설팅 주제 중 하나다. 계기만 있으면 등장하는 단골 주제이기도 하다. 왜 그럴까? 중요해서이기도 하겠지만 실패하기도 쉽기 때문이다.

워크 다이어트를 할 때 나오는 구호는 뻔하다. 불필요한 일 줄이기. 그런데 이게 문제다. 여기 대대적으로 워크 다이어트를 하겠다는 조직이 있다. 구성원들에게 각자의 불필요한 일 리스트를 내라고 한다. 구성원들이 잘 낼까? 그럴 리 없다. 일단 뭐가 불필요한 일인지 가늠이 안 된다. 내가 하는 일 중에 진짜 불필요한 일이 있을까? 우리는 바보가 아니다. 내가 하는 일은 누군가에게는, 어딘가에는 필요한 일이다.

어찌어찌해서 겨우 '불필요한' 회의나 보고서들을 리스트업했다고 치자. 이젠 조직의 리더들이 불만이다. '아니 그 회의가 왜 불필요해?' '거기서 크로스 점검 안 하면 어쩌겠다는 거야?' '그 보고서가 불필요하다고? 입으로 떠들고 끝낸다고? 절대 못 없애!' 결국 '불필요한' 업무 리스트는 '필요성'만 잔뜩 강조된 채 유야무야된다.

저가항공사로 유명한 사우스웨스트 항공사는 뭐가 없기로 유명하다. 기내식도 없고, 음료 서비스도 없고, 지정석도 없다. 이런 서비스가 불필요한가? 절대 그렇지 않다. 서비스 경쟁이 심한 항공업계에서 비싼 값을 지불하고 타는데 좌석 하나 안 정해준다. 미용실에서도 공짜로 주는 음료 한 잔을 돈 받고 판다. 왜? 저렴한 항공권이라는 본질을 지키기 위해서다. 비싼 항공권을 팔고 비용에 여유가 있다면 얼마든지 부가 서비스를 제공할 수 있다. 그러나 이렇게 하면 '그냥 하면 좋은 서비스' 때문에 저렴한 항공권이라는 '꼭 해야 할 본질'을 지킬 수 없다.

구글의 첫 화면은 '뻥뻥'하기로 유명하다. 메인 페이지는 가장 중요한 얼굴인데 검색창 하나 달랑 있다. 메인 페이지가 중요한 것을 구글이라고 모를까? 구글이 제공하는 서비스가 얼마나 많은데. 그래서 그 페이지를 비워둔 것을 혹자는 '구글의 용기'라고 부른다. 야후 화면하고 비교해보면 바로 알 수 있다.

사실 야후도 검색엔진으로 유명한 회사였다. 그랬던 야후가 지금은 어떻게 되었나? '야후의 몰락(?)'에 대한 학자들의 연구에 의하면, 야후는 회사에 큰 위기가 닥칠 때마다 메인 페이지 메뉴가 하나씩 늘어났다고 한다. 그럴 수밖에. 뭔가 문제가 있으면 당장 '무엇을 해야 하지?'라고 생각하지 '무엇을 하지 말아야 하지?'라고 생각하기는 어려운 법이다. 그러다 보니 점점 본질과 먼 일을 하게 되고, 그럴수록 성과는 나빠질 수밖에 없다.

의도적으로, 주기적으로 줄여라

'불필요한'은 절대 가치다. 앞의 워크 다이어트 중인 조직으로 돌아가 보자. 갖은 노력 끝에 불필요한 일을 줄였다 치자. 그다음에는? 그 조직은 새로운 일을 안 하나? 신사업은? 일은 계속 늘어날 것이다. 불필요한 일을 줄였다 해도 결국 전체 업무가 무한대로 늘어나기는 마찬가지다.

'하면 좋은'이라는 것은 상대가치다. 본질을 중심으로 나열해 봤을 때 상대적으로 중요도가 떨어지는 일이 있다. 그 일들을 줄이자는 거다. 기업들이 파워포인트PPT 보고서를 줄이려는 이유도 같다. PPT 보고서가 나쁜가? 가시적이고 콘셉트를 잡는 데는 워드 문서보다 훨씬 유용하다. 그런데 왜?

어느 해 여름, 홍수가 나서 공장 설비가 위험해졌다. 본사에서 긴급 점검해보라는 지시가 떨어졌다. 시설 관리자는 두 시간 점검하고 사무실로 돌아왔다. 원래는 네 시간가량 걸리는 일이었다. 왜? 점검 결과에 대한 보고서를 써야 하니까. 설비 점검이니까 현장 사진도 첨부하고, 도면 위에 표시도 좀 하고… 파워포인트로 '하면 좋다.' 예전에는 네 시간 점검하고 야근, 특근으로 보고서를 썼겠지만, 이제는 야근을 할 수 없다. 회사가 선택해야 하는 상황. 네 시간을 꼼꼼하게 점검하고 보고는 구두로 간단하게 할 것인가, 아니면 두 시간만 점검하고 두 시간을 보고서 쓰는 데 공을 들이게 할 것인가? 파워포인트 보고서가 나빠서라기보다는 본질이 아니기 때문에 줄이는 거다.

워크 다이어트는 의도적으로, 주기적으로 업무를 줄이는 것이다. 새 일이 늘어나면 다시 또 상대적으로 가치가 낮은 업무를 줄이면 된다. H 기업이 매년 일상업무 15퍼센트 줄이기 캠페인을 하고, C 기업 팀장들이 주기적으로 팀원들로부터 상대적으로 가치가 낮은 업무 세 개씩을 제출받는 이유다.

멀티플레이의 함정

급변하는 세상, 환경이 수시로 변하는 상황에서 한정된 시간, 한정된 자원을 가지고 적응하려면 본질에 집중해야 한다. 혹자는 말한다. 요즘은 멀티플레이의 시대 아닌가요? 멀티탭, 멀티플렉스, 멀티펑션의 시대. 야구 투수가 홈런도 잘 치고, 공격형 축구 선수가 수비도 전담한다. 부모들도 자녀가 공부도 잘하고, 운동도 잘하고, 미술도 잘하고, 교우관계까지 다 잘하기를 원한다. 그게 시대가 원하는 것 아니냐고? 이걸 우리는 멀티플레이의 함정에 빠졌다고 한다.

미국 하버드대 의대 교수 출신의 정신과 의사 에드워드 할로

웰Edward Hallowell 박사는 "멀티태스킹을 하는 사람들은 주의력결핍
장애와 비슷한 증상을 보이며, 일의 능률과 생산성이 더 떨어지
는 모순에 직면한다"는 연구결과를 발표했다. 겉으로 보기에는
이 일, 저 일 척척 쳐내는 듯 보이지만 장기적으로 보면 결국 틈이
생기고, 오히려 전체 성과가 나빠지는 현상이 발생한다는 것. 안
정적인 환경에서 충분한 시간을 가지고 꼼꼼하게 챙겨가며 해도
될까 말까인데 급변하는 환경에서는 애당초 불가능한 일이다. 떠
밀려서 일을 쳐내는 데도 한계가 있다.

미래 사회 일 관리는 본질에 집중해서 해야 한다. 급하고 중
요한 일은 늘 있다. 그러나 이런 일에 스피디하게 대응하는 것으
로 끝나면 안 된다. 우리 일의 본질이 무엇인지, 장기적인 성장을
위해 지금부터 준비해야 하는 것이 무엇인지 알아야 한다. 그리
고 이를 위해 '하면 좋은' 것에 불과한 일은 과감하게 다이어트해
야 한다.

자주 봐야 예쁘다,
상시 피드백하라

"자세히 봐야 예쁘다/오래 봐야 사랑스럽다/너도 그렇다." 나 태주 시인의 시 〈풀꽃〉의 한 구절이다. 천지에 흔하게 널려 있어 귀한지 모르다가도 막상 관심을 갖고 보다 보면 비로소 그 아름 다움과 가치를 깨닫게 되는 풀꽃처럼 내 동료, 내 후배, 내 선배 가 그렇다. 매일 사무실에서 얼굴 맞대고 일하니 그 소중함을 모 른다. 평가철이 되어 이 사람이 올해 어땠나 생각해보면 도통 기 억이 안 난다. 동료가 그만두고 난 뒤에야 그 사람의 소중함을 깨 닫고 빈자리가 너무 크게 느껴진다. 그 선배 있을 때 잘 배워둘걸, 두고두고 아쉽다.

그나마 같은 사무실에 있을 때는 그래도 낫다. 언택트 환경,

새로운 시대 조직의 조건

리모트 워크가 활성화되면 심리적인 '공감'은 물론이고 물리적인 '공간'조차 공유하기 어렵다. 분명 같은 조직에서 같은 일을 했는데도 오랜만에 얼굴 보니 괜히 겸연쩍고 어색하기 짝이 없다. 중간 과정을 모른 채 결과부터 놓고 거슬러 올라가려니 정보도 없다. 외부 환경이 변하는 와중에 내부 조직에도 변화가 생겼다.

구성원은 더 잦은 피드백을 원한다

밀레니얼 세대에게 피드백을 얼마나 자주 받고 있는가 질문했더니 분기당 1회 26퍼센트, 1년에 2~3회 34퍼센트, 1년에 1회가 17퍼센트라는 결과가 나왔다(출처:《What Millennials want from work》, 2016). 문제는 그들 중 54퍼센트는 지금보다 더 자주(매일, 주 1회 이상) 피드백 받기를 원한다는 것이다(출처: CCL CENTER FOR CREATIVE LEADERSHIP). 한 공간에서 다 함께 머리를 맞대고 일하던 사무실 풍경이 언택트로 바뀌는 상황에서 구성원들이 자신은 성장하고 있냐고 더 자주 묻는 요즘. 구성원을 만족시켜줄 해답은 상시 피드백이다.

온라인 방식이든 오프라인 방식이든 리더는 구성원의 업무, 성과, 성장에 대해 지금보다 더 자주 피드백해줘야 한다. 예전처럼 1년에 한두 번 아니면 분기에 한 번씩 하는 피드백으로는 부족하다. 어제 다르고 오늘이 달라서 당장 다음 달에 무슨 일이 벌어질지 알 수 없는 요즘, 피드백 주기는 더욱 빨라져야 한다. 몇 개월씩 묵혀뒀다 하는 피드백은 평가에 가깝다. 연말 평가, 반기별 평가가 그렇다. 평가는 결과다. 잘했는지 못했는지 판단해서 결론 내리고 그 결과를 통보한다. 그렇게 하면 보이는 성과에만 집중할 수밖에 없다.

피드백은 일종의 작전타임이다. 본격적인 결론을 내리기에 앞서 지금 잘 가고 있는지, 어떻게 하면 더 좋은 결과를 얻을 수 있는지, 무엇을 보완해야 할지 리더와 구성원이 함께 작전을 짜는 시간이다. 리더는 장점과 단점, 개선점에 대해 알려준다. 구성원은 문제 해결을 위한 도움을 요청한다. 성장과 KPI 달성이라는 공통의 목표를 추구하기 때문이다. 이런 작전타임이 타이밍을 놓치면 되겠는가? 스포츠 경기에서도 감독이 적절한 순간에 작전 타임을 잘 쓰면 경기 흐름이 바뀔 수 있다.

일대일 미팅에도 요령이 있다

그래서 나온 것이 일대일 미팅1 on 1 meeting이다. 실리콘밸리 리더들은 의무적으로 구성원들과 이 미팅을 해야 한다. 이때 리더가 제일 먼저 묻는 질문은 "당신은 행복한가?Are You Happy?"이다. 사적인 어려움까지도 공유하고 지원해주기 위함이다.

가령 살던 집의 전셋값이 폭등해서 당장 새집을 구해야 하는 팀원이 있다. 이런 상황에서 업무에 몰입하기란 쉽지 않다. 일하면서도 틈틈이 부동산 사이트에 기웃기웃, 수시로 부동산중개업소에 전화하는 등 집중력이 흐트러질 수밖에 없다. 이럴 때 팀장이 일대일 미팅을 해서 이 상황을 알았다면? 차라리 하루 이틀 휴가를 주고 집 문제를 해결하고 오도록 하는 것이 생산성에 더 도움 되지 않을까? 어떻게 하는 것이 성과를 더 높일 수 있는가의 문제다.

사적 질문 외에도 목표 달성을 방해하는 장애물이나 지원이 필요한 부분에 대해 질문해볼 수 있다. 일대일 미팅에서 활용할 수 있는 질문 리스트는 다음과 같다.

- 이번 주에 가장 시간을 많이 쓰고 있는 일 세 가지는?
- ○○ 님이 일을 더 잘하기 위해서, 제가(회사가) 도와줄 것이 있을까요?
- 최근 들은 팀(회사) 어젠다에 대해 어떤 느낌이었나요? 동의되지 않거나 조금이라도 찜찜한 부분이 있었나요?
- 요즘 가장 협업을 많이 하는 사람(팀)은 누구인가요? 일하면서 만족스러운 점, 아쉬운 점을 이야기해본다면?
- 팀(회사) 전반에 대해 궁금한 것은? 무엇이든 질문받습니다.

상시 피드백은 가능한 한 월 1회로

그런데 '상시' 피드백은 얼마나 자주 해야 할까? (구성원 수에 따라 다르겠지만) 가능한 한 월 1회를 권장한다. 물론 쉽지 않을 것이다. 그러나 이 미팅의 중요성에 공감한다면 리더의 최우선 업무로 일정표에 박아 넣어야 한다. 가령 '매달 마지막 주 수요일'처럼 미리 일정표에 넣어둔다면 구성원들도 하고 싶은 얘기를 준비해 올 수 있다. 상시 피드백은 반드시 회의실이나 티타임 장소 등 조용하고 분리된 곳에서 해야 서로 허심탄회하게 얘기를 나눌 수 있다. 업무보고나 회의처럼 진행하지 말아야 한다는 거다. 무엇보다 리더가 자기 말보다는 구성원 얘기를 먼저 듣는다는 마음가짐을 가져야 한다.

모 반도체회사의 A 팀장은 자신보다 연배가 높은 고연차 팀원들 때문에 골치가 아팠다. 다들 정년을 앞둔지라 동기부여 시키기가 쉽지 않고 무엇보다 팀의 분위기를 흐리는 것이 문제였다. 그래서 제일 먼저 시도해본 것이 일대일 미팅이었다. 나이 어린 팀장으로서 본인의 고충도 솔직하게 털어놓고, 고연차 선배로서 후배들에게 어떤 역할을 해주기를 바라는지도 전달했다. 그리고 무엇보다도, 그분들이 어떤 어려움을 겪는지 경청했다. A 팀장 본인의 표현으로는 별로 얘기한 것도 없었는데 그분들은 직장

생활 30년 만에 처음으로 자신의 얘기를 할 수 있었다며 너무 좋아하더라는 것. 이후 그분들이 완벽하게 달라진 것은 아니었으나 최소한 팀 분위기를 해치지 않기 위해 노력하는 모습은 보였다. 일대일 미팅, 상시 피드백의 힘이다.

피드백의 3S: 신속함, 구체적, 솔직함

이런 순효과를 얻으려면 어떻게 해야 할까? 피드백은 정말 '잘'해야 한다. 괜히 섣부르게 했다가는 안 하느니만 못한 결과가 나온다. 특히 부정적 피드백일 경우 더 주의를 기울여야 한다. 잘하고 있다는 칭찬 메시지야 내용 자체로도 듣는 사람에게 힘이 된다. 그러나 반대의 경우는 자칫 오해나 곡해를 불러일으킬 수 있다.

피드백의 '3S'가 있다. 바로 Speedy(신속함), Specific(구체적), Straight(솔직함)이다.

Speedy: 신속하게 피드백하라

먼저 피드백은 신속해야 한다. LA 공항에서 모스크바를 향해 출발한 비행기가 이륙 시 1도가 틀어졌다. 어떻게 될까? 그 비행기는 인도에 도착한다. 시작할 때의 1도는 미미하지만 점점 멀리 가면서 애초 도착지가 아닌 지구 반대편으로 방향이 크게 틀어진다. 부부싸움도 마찬가지다. 싸우고 나서 바로 풀지 않고, '6개월 후에 다시 얘기합시다' 하면? 법정에서 만날 확률이 높아진다.

인식의 차이도 그렇다. 처음에는 아무것도 아닌 오해, 잘못된 생각이 시간이 지나면 그 사람에 대한 부정적 확신으로 굳어진다. 근태가 안 좋을 때, 회의 태도에 문제가 있을 때 바로 피드백을 해야 한다. 말하기 껄끄럽고 알아서 고치겠거니 생각해서 놔두면 당사자는 본인이 뭐가 문제인지도 모른다. 한두 번 지각이 결근으로, 급기야 무단결근으로 일이 커진 뒤에 "내가 사실은 예전부터 문제라고 생각했어"라고 하는 피드백은 의미가 없다. 회의 때 불편했던 감정이 업무 갈등으로 치달아 팀 분위기가 엉망이 된 후에 미리 경고할걸 후회해도 소용없다.

상시 피드백은 리더가 피드백을 해야겠다고 느끼는 순간 미루지 말고, 기다리지 말고 그 즉시 하라는 의미다.

Specific: 구체적으로 피드백하라

두 번째는 구체적 피드백의 중요성이다. 팀원이 보고서를 올렸는데 팀장 입장에서 마음에 들지 않는다. 그렇지만 열심히 한 팀원의 성의를 봐서 "일단 알았어요. 다음에 다시 얘기합시다" 하면 어떨까? 팀원은 본인이 잘한 건지 못한 건지 정확한 정보를 받지 못한다. 잘했다고 말할 때도 마찬가지다. 그저 "좋았어요, 잘했어요"가 아니라 무엇을 잘했는지 구체적으로 알려줘야 한다. 아이디어가 신선해서 좋은지, 현실성 있는 분석을 잘했는지, 깔끔한 정리 때문인지 리더 입장에서 흡족한 부분을 콕 짚어서 설명해줘야 이를 참고해서 다음에 더 좋은 보고서를 쓸 수 있다. 피드백은 '도움 되는 정보'를 포함해야 한다.

Straight: 솔직하게 피드백하라

마지막으로 솔직한 피드백이다. 어떤 리더들은 젊은 세대의 유리멘탈을 걱정한다. 칭찬만 받고 자란 그들이 부정적인 피드백을 들으면 상처받고 일할 의욕을 상실하지 않겠냐는 것이다. 회계법인 언스트앤영Ernst&Young의 조사 결과에 따르면 '성과에 대한 솔직한 피드백을 기대하는가?' 하는 질문에 베이비부머 세대는 39퍼센트만 그렇다고 답했다. 하루 이틀 일할 사이도 아닌데 굳이 불편한 얘기를 해서 '관계'가 깨지면 어쩌나 부담스러운 것이다. 밀레니얼 세대는 어땠을까? 85퍼센트가 솔직한 피드백을 원한다고 답했다. 왜? 하루 이틀 일할 사이이기 때문이다. 종신직장

개념이 없는 요즘 세대는 직장에서의 '관계'에 대해 오히려 쿨하다. 업무에 대한 피드백을 솔직하게 받아야 본인이 성장할 수 있다고 생각한다. 엔터키를 치면 바로 답을 볼 수 있는 디지털 세대의 특징인 직관성 때문에라도 그들은 빙빙 돌려 말하는 변화구보다는 직구를 선호한다. 단, 사실fact을 전제로 한 판단일 때 그렇다.

넷플릭스의 조직문화를 담당한 패티 맥코드Patty McCord는 조언한다. "상사는 때로 직원들을 감싸야 한다는 과도한 압박을 느끼는데, 그러면 해당 직원은 개선의 기회를 빼앗기고 나머지 직원은 불공정한 상황을 맞게 된다."

업무 사이클이 점점 빨라지고 있다. 불과 몇 달 만에, 며칠 만에 상황이 바뀌고 결과가 달라진다. 구성원들도 자신의 성장을 위해, 개선을 위해 빠른 피드백을 받고 싶어 한다. 앞으로는 상시 피드백이 리더의 중요한 역할로 자리 잡아야 한다. 자주 보아야 보인다.

Chop!
업무를 잘게 쪼개야 하는 이유

　일본의 프로야구 선수 중 투수와 타자로서 거의 완벽에 가깝다는 평을 듣는 선수가 있다. 바로 오타니 쇼헤이 선수다. 미국 메이저리그 진출 첫해 신인왕을 거머쥔 그는 '쪼개기'의 달인이다. 쇼헤이 선수가 고등학교 1학년 때 세운 계획서에 따르면 졸업할 때 여덟 개 구단에서 드래프트 1순위에 오르는 것이 목표였다. 여기서부터 쪼개기가 시작된다. 모든 구단으로부터 1순위로 지명받으려면 어떻게 해야 할까? 제구력을 상승시켜야 하고, 볼 스피드도 160킬로미터 이상이 되어야 한다. 심지어 운도 좋아야 한다. 여기서 끝이 아니다. 다시 쪼갠다. 스피드를 높이려면 어떻게 해야 할까? 하체를 강화하고 투구 수를 늘리고 라이너 캐치볼을 주기적으로 연습해야 한다. 운을 좋게 하려면 어떻게 해야 할까? 인사를 잘하고 주변 청소도 부지런히 하고 책을 많이 읽어야 한다. 그는 이렇게 목표를 잘게 쪼개놓고 관리했다. '최우수 선수가 되자'는 목표는 관리가 어렵지만, '오늘 인사는 잘했나? 라이너 캐치볼 연습은 했나?'는 관리가 가능하다. 이것이 결과목표와 과정목표의 차이다.

'3개월 안에 5킬로그램을 감량하자'는 결과목표다. 이것을 달성하기 위해 과정목표가 필요하다. 그런데 오해 말자. 첫 번째 달에는 1킬로그램을 빼고, 두 번째 달에는 1.5킬로그램을 빼고… 이런 게 과정목표가 아니다. 과정목표는 결과목표를 달성하기 위해 필요한 것들을 쪼개보는 것이다. 5킬로그램을 빼려면 운동을 매일 30분씩 하자. 식단관리는 어떻게 해야 할까? 야식을 매일 먹는 습관을 버리고 주 1회로 줄이자. 수면관리를 위해 늦어도 밤 11시에는 잠자리에 들자. 그렇게 해야 '오늘 운동 30분 했나? 이번 주 야식은 몇 번 먹었나?'가 관리된다.

쪼개야 관리할 수 있고, 도울 수 있다

팀원이 "2주일 뒤에 기획서 제출하겠습니다"라고만 하고 과정목표가 없다면 리더는 반드시 일을 쪼개서 관리할 수 있도록 해야 한다. 특히 언택트 환경에서 재택근무 등 리모트 워크를 하고 있다면 더 그렇다. 같은 공간에서 일할 때는 지나가다가도 뭐가 잘못되고 있다면 확인할 수 있다. 반면 리모트 워크 상황에서는 일이 잘못되고 있어도 수면 밖으로 드러나기가 쉽지 않다. 엉뚱한 일이 계속되고 돌이킬 수 없는 선까지 가버린다.

일을 쪼개서 관리하면 범위를 확인할 수 있다. 결과물의 양과 질을 가늠할 수 있다. 혼자 할 수 있는 일인지 나눠 해야 하는 일인지 판단할 수 있다. 일의 수행단계를 설정하고 총 소요시간을 계산해서 어떻게 진행할지 설명할 수도 있다. 2주 후에 기획서 제출을 하는데 리서치는 언제 어떻게 할 거고, 아이데이션ideation(아이디어를 얻기 위한 활동)은 어떻게, 스토리는 어떻게 하겠다 쪼개 놓으면 옆에서 도움 주기도 편하다. 리서치 계획을 보고 과거 비슷한 리서치 자료가 있으면 찾아서 보내줄 수 있다. 아이데이션 날짜가 언제인지 알면 혼자 고민하는 것보다 팀원들이 날짜를 맞춰서 같이 브레인스토밍을 할 수도 있다. 쪼개야 관리할 수 있고 도와줄 수 있다.

미래를 완벽하게 대비하는 시대는 끝났다

미래에는 '완벽'이라는 개념이 달라질 것이다. 과거에는 완벽하게 계획하고 신중하게 접근해서 최선의 결과를 만드는 것이 중요했다. 기존의 전략 방법론이 대부분 그랬다. 그런데 요즘 시대는 어떤가? 말 그대로 블랙스완의 시대(백조는 하얀색이라는 통설을 뒤엎고 호주에서 검은색 백조가 발견되어, 이로 인해 조류의 계통 분류에 큰 변화가 생겼음), 불확실성의 시대다. 당장 내년에 무슨 일이 일어날지 아무도 모른다. 특히 팬데믹 위기를 겪으며 시대 변화를 체감하게 된 기업들이 많다. 그러다 보니 연간계획 세우기를 포기한 기업도 많다. 어차피 예측과 전망을 바탕으로 한 '소설'인데 그 예상이 맞을 확률이 점점 낮아지기 때문이다. 계획planning하는 데 에너지를 쏟기보다는 민첩함agility, 즉 닥친 변화에 빠르게 적응하는데 노력을 들이겠다는 지극히 합리적인 결정이다. 변화하는 상황을 보고 바로바로 대응하려면 잘게 쪼개는 수밖에 없다.

린 스타트업의 핵심 개념, MVP

그래서 나온 개념이 MVPMinimum Viable Product이다. 원래 MVP는 린 스타트업 이론에서 나온 것으로, 고객에게 가치를 제공할 수 있는 최소 기능 제품을 의미한다. 사실 기존에도 다양한 형태의 시제품이 있었다. 프로토타입, 파일럿테스트, 베타테스트, 데모버전 등이 그것이다. 목적은 완성품을 만들기에 앞서 피드백을 받

새로운 시대 조직의 조건

기 위함이다. 일단 어느 정도 가시적인 형태를 만들어놓아야 기능을 하는지 못하는지 알 수 있기 때문이다.

그런데 MVP가 다른 점은 그 피드백을 고객에게 받아야 한다는 점이다. 제품의 프로토타입을 만들거나 홈페이지의 테스트페이지는 내부에서 검토되는 경우가 많다. 본인들이 만들고 본인들이 피드백해서 나온 결과를 가지고 완성품을 만드는 방식이다. MVP는 이것부터가 잘못되었다고 생각한다. 실제 가장 중요한 것은 고객의 의견이므로 피드백도 고객에게 받아야 한다는 것.

움직이는 레고가 그런 과정을 거쳐서 탄생했다. 레고는 유구한 역사를 자랑하는 장난감계의 고전이지만, 첨단 장난감이 늘어나면서 레고도 역동성을 갖췄으면 좋겠다는 고객의 요구가 있었다. 그래서 기존 레고에 모터를 달아 만든 것이 마인드스톰 버전1이다. 그런데 레고는 이를 대대적으로 판매하는 대신 반즈라는 레고 마니아들을 위한 커뮤니티에 먼저 선을 보였다. 거기서 피드백을 받아보니, 움직이는 건 좋은데 자꾸 부딪히니 센서가 있었으면 한다는 것. 그래서 나온 것이 마인드스톰 NTR. 이 또한 큐소라는 레고 전문 온라인숍에서만 팔았다. 여기서 받은 피드백은 별도의 리모컨 대신 휴대전화 앱을 통해서 컨트롤했으면 좋겠다는 것. 이 피드백을 받아 마인드스톰 EV3가 나왔고 비로소 전 세계 매장에서 판매를 시작했다.

그런데 재미있는 것은 첫 번째 MVP인 마인드스톰 버전1이 나온 시기가 2007년이라는 점이다. 이때는 이미 아이폰이 등장한 때였고, 그전에도 PDA, 팜파일럿 등을 활용해서 앱으로 컨트롤하자는 아이디어는 처음부터 있었다. 그러나 당시 그 기능까지 넣으려고 했다면 2007년에 첫 번째 버전이 나올 수 없었을 것이다. 그래서 당장 실현 가능한 최소한의 기능만 넣어 일단 고객에게 피드백을 받아 발전시키는 과정을 거쳤다.

선도기업들도 MVP와 함께

세계적인 호텔그룹 힐튼보다 규모가 크다는 에어비앤비의 성공도 마찬가지다. 창업자가 최소한의 기능만 넣은 홈페이지를 만들어서 본인 아파트의 빈방을 빌려주는 식으로 시작했고, 그 결과 의외로 정식 숙박시설이 아닌 남의 집에서 머무는 데 흥미를 느끼는 사람들이 있다는 시장성을 확인했다. 만약 처음부터 홈페이지에 예약, 결제, 검색 등의 각종 기능을 넣으려고 했다면 에어비앤비는 시작조차 못 했을 것이다. 그랬다면 지금처럼 낯선 도시에서 한 달 살기와 같은 경험을 전 세계에 서비스하는 기업도 없었을 것이다.

우리나라의 카카오뱅크는 2016년 5월 은행 앱 개발에 착수한 이후 딱 1년 만인 2017년 5월에 MVP 버전1을 공개했고, 2개월 후인 7월에는 MVP 버전2를 퍼블릭 공개했다. 이 기간은 국가의 보수적인 금융 사업 심사를 받는 과정까지 포함했다고 가정할 때 말도 안 되게 빠른 공개였다. 왜? 빨리 공개해서 빨리 피드백을 받아 수정해나가는 것이 더 맞는다는 판단 때문이었다.

이제는 처음부터 완벽하게 잘 만들겠다는 욕심을 버려야 한다. 우리끼리 그 가치를 평가하겠다는 오만도 버려야 한다. 일단 만들어서 고객의 피드백부터 구해야 한다. 그러려면 잘게 쪼개서 중간 결과물들을 확인하며 가야 한다.

'마감효과'를
활용하라

지금부터 프로젝트 시작이다. 무슨 생각이 나는가? '오늘부터 야근각… 보고서만 수십 장… 현황 분석부터 해야겠지?' 과거의 프로젝트는 이렇게 시작했다. 가령 ERP 프로그램 구축 프로젝트라면 으레 ISP Information Strategy Planning, 즉 정보화전략계획부터 들어간다. 새로운 시스템이 들어와야 하는 이유를 도출한다. 기존의 레거시 legacy 시스템을 분석해서 남길 것과 보완할 것, 새롭게 해야 할 것을 구분한다(대부분 새롭게 해야 한다는 결론이 난다). 앞으로 시스템 구축은 어떤 방향성을 가지고, 어떤 로드맵으로 진행할지 월 단위, 주 단위, 일 단위로 세밀한 계획을 짠다. 이 과정만 3개월이 걸린다. 실제 하려는 것은 시스템 구축인데, 이를 위한 계획을 세우는 데 3개월이 훌쩍 지나간다. As-is(현 상태) 분석 계획서, 이슈 도출 계획서, 산출물 계획서 등 계획을 위한 보고서만 수십, 수백 장이 나온다.

이 방식이 틀렸다는 것이 아니다. 특히 ERP와 같은 대형 프로그램은 기업의 근간을 바꿀 수도 있는 것이라 신중하게, 꼼꼼하게, 하나하나 따져가며 하는 것이 맞다. 투입 예산도 크고 그만큼 리스크도 크기 때문이다.

문제는 외부 환경이다. 3개월을 열심히 고민해서 내린 결론은 그 깊이만큼 훌륭할 것이다. 다만, 고민을 시작한 3개월 전과 지금의 상황이 크게 변했다는 게 문제다. 빠른 기술혁명으로 사회가 어떤 방향으로 갈지, 고객의 니즈는 어떻게 급변할지 누구도 예측하기 어렵다. 이런 시대에는 이것저것 꼼꼼하게 따지고 챙기면서 갈 수 없다. 그러면 어떻게 해야 할까?

잘 버리는 것이 중요해진 시대

국내 핀테크의 선두주자인 토스는 일하는 방식이 다르다. 가령 내부에서 모임통장을 만들자는 아이디어가 나왔다. 가끔 '계주가 곗돈을 들고 도망갔다'는 유의 소문이 들리는 건 통장이 투명하게 관리되지 못했기 때문이다. 아이디어를 모으기 시작한다.

회비 걷는 과정의 불편함을 살펴본다. 공금 사용 내역을 모두가 보게 하자, 목적에 따라 금액 목표를 함께 채우자, 그 안에서 채팅도 할 수 있다 등등. 이제 여기서부터 본격 시작이다. '이 많은 기능이 정말 다 필요할까?'라는 의문을 던진다. 토스의 원칙 중 '미니멈 피처Minimum Feature(최소 기능)'라는 것이 있다. '기능은 비용이다'라는 믿음이다. 최소한의 기능으로 최대한 가볍게 가기 위해 핵심 기능만을 추려낸다. '없으면 안 되는' 기능만 남기고 '있으면 좋은 것'에 불과한 기능은 버린다(앞 장에서의 워크 다이어트 원칙과 같다). 그러면 어떤 것이 핵심 기능인지, 어떤 것을 버리면 될지에 고민이 집중된다. 이처럼 앞으로는 아이디어를 도출하는 것이 아니라 아이디어를 '버리는 것'이 더 중요해질 것이다.

아이디어 그 자체보다 실행이 중요하다

3000 〉 9 〉 4 〉 1

3000개의 아이디어 중 개발에 착수하는 것은 아홉 개, 제품화까지 가는 것은 네 개, 그리고 이 중에서 단 하나만 성공한다는 공식이다(출처: 〈DBR〉 2011년 8월호, 심형석 교수). 제품의 성공 확률 0.03퍼센트. 그만큼 신제품 성공이 어렵다는 것을 설명할 때 자주 나오는 수치다. 그런데 좀 이상하지 않은가? 거꾸로 가보자. 네

개 제품 중 한 개가 성공한다면 성공률 25퍼센트. 이 정도면 훌륭한 거 아닌가? 개발 착수한 것에서 제품화까지 간 것은 거의 50퍼센트에 가까울 정도로 확률이 더 높다. 문제는 그 전 단계다. 아이디어가 3000개나 나왔는데 이 중 개발에 착수해보는 것이 턱없이 적다.

아이디어를 도출하는 수없이 많은 발상법들이 있어 왔다. 광고회사에서 쓰이던 템플릿도 써보고(스캠퍼Scamper!, 체크리스트를 보완해 만든 창의성 기법), 여섯 색깔 모자를 써보기도 하고(여섯 색깔 사고 모자 기법Six Thinking Hats), 러시아식의 모순방법을 활용해보기도 한다(트리즈TRIZ). 그런데 아이디어를 도출하면 뭐하나, 그중 하나라도 실행에 옮기는 것이 중요한데. 그러려면 아이디어를 쌓아 놓는 것에서 한발 더 나아가 아이디어들을 버려야 한다. 최대한 가볍게 해서 바로 시작해볼 수 있도록 해야 한다. 이때 버리는 기준 중 하나가 마감이다.

마감효과라는 말이 있다. 최근에 방송에 많이 나오는 모 웹툰 작가는 본인이 그다지 부지런한 타입이 아니라는 것을 안다. 그래서 단행본 방식으로 만화를 그리는 시대라면 자신은 성공할 수 없었을 거라고 단언한다. 비결은 주기적으로 올려야 하는 웹툰 방식. 좋으나 싫으나 지속적으로 마감일이 다가오니 별도리 없이 한 챕터씩 그릴 수밖에 없었다는 거다.

다시 토스의 사례로 돌아가 보자. 모임통장을 만들어보자는 아이디어가 나오고, 그 안에 담고 싶은 기능들을 생각해보는 아무 말 대잔치를 거쳤다. 다음 할 일은 출시일을 잡는 거다. 이를테면 '미니멈 피처'에 집중하면 '모임통장은 5주 후에 출시할 수 있다'로 정하는 식이다. 마감을 정해 놓으면 다시 거꾸로 올라가서 그 기간 안에 담을 수 있는 기능들이 무엇일지 결정하는 데 도움이 된다. 기능이 훌륭해도 너무 무겁거나 개발 시간이 오래 걸리면 탈락이다. 이제는 아이디어 그 자체보다는 실행이 중요한 시대이기 때문이다.

마감을 정할 때 고려할 두 가지

그러면 마감은 어떻게 정해야 할까? 무조건 밀어붙인다고 될 일이 아니다. 아무 근거도 없이 그냥 던질 수도 없는 일이다. 합리성이 중요하다. 마감을 정할 때 고려해야 할 것은 두 가지다.

첫 번째는 활용 가능한 자원이다. 이 일을 할 때 투입할 수 있는 인력, 비용, 기술 수준 등이다. 우리는 여태껏 어느 정도 준비되어야 일을 시작할 수 있다고 생각해왔다. 그러다 보니 사람이 부족해서, 자본이 모자라서, 아직 충분한 역량이 안 돼서 시작조차 못 했다. 그런데 이제부터는 달라져야 한다. 지금 당장 동원할 수 있는 자원하에서 가능한 부분만큼을 끝 그림으로 삼아야 한다. 그래야 시작할 수 있다. '가용 인력이 두 명밖에 없어서 못합니다'가 아니라 '두 명이 할 수 있는 범위에서 시작하겠습니다'로 가야 한다. 충분한 자원이 준비될 때까지 기다리다가는 시작조차 못 한다.

두 번째는 마감의 범위다. 우리는 흔히 마감을 시간 범위로만 생각하는데 그렇지 않다. 언제부터 언제까지 할지 정하는 시간時間 외에도 어디에서 어디까지 할 것인지를 정하는 구간區間, 어떤 행동은 하고 어떤 행동은 하지 않을지Do & Don't 정하는 동간動間, 그리고 어디에서 누구와 할지 정하는 공간空間이 있다(출처: 전옥표, 《빅 픽처를 그려라》). 이건 누구 한 명이 독자적으로 결정해서는 안 된다. 관련된 이해관계자를 참여시켜서 같이 논의해야 한다.

변동성이 큰 시대에는 상황이 될 때까지 기다려서는 시작조차 못 한다. 진용이 갖춰지고, 모든 준비를 다 해놓은 완벽한 상태에서 시작하는 것 자체가 불가능하다. 이제는 '언제 시작하지?'를 고민하기보다 '언제까지 하지? 언제 끝내지?'를 고민해야 한다. '뭐가 있어야' 시작하는 것이 아니라 '지금 있는 것'에서 시작하고 이해관계자들이 참여한 마감일부터 정해야 한다.

업무가 눈에 보이는
칸반 시스템

2020년 3월 25일부터 시행된 '민식이법'의 영향으로 스쿨존의 교통법규가 엄격해졌다. 꼭 법이 아니라도 아이들이 많이 다니는 곳에서는 특히 교통법규를 반드시 지켜야 한다. 그래서 단속 카메라를 달고, 캠페인 포스터를 붙이고, 신호기를 설치한다. 그중에서도 가장 효과적인 방법은 스피드 표시기가 아닐까 싶다. 요즘은 내비게이션 기능이 잘 되어 있어서 스쿨존 근처에서는 알아서 경고음이 울린다. 그러나 내비게이션을 켜지 못한 상태라면 운전자는 불안하다. 미처 표지판을 보지 못하다가 갑작스럽게 속도를 줄이는 경우가 생기기 때문이다. 실제로 2020년 11월 한국교통안전공단이 발표한 조사 결과에 따르면, 법규 시행 뒤 택시

속도는 7퍼센트가 줄었지만 스쿨존에 진입하면서 초당 시속 14 킬로미터 이상 급격히 감소하는 급감속 발생 비율은 오히려 30퍼 센트 이상 늘었다고 한다. 내비게이션을 켰다 해도 실제 속도하 고 차이가 있어 지나가면서도 내가 제대로 줄였는지 불안하기는 매한가지다. 이때 내 차의 속도를 보여주는 스피드 표시기가 설 치되어 있으면 훨씬 마음이 놓인다. 확실히 눈으로 확인할 수 있 는 지표이기 때문이다.

가시적 성취감이 필요한 이유

한때 우리 사회에 소위 '열정페이' 논란이 많았다. 일하고 싶 어 하는 청년들의 열정을 볼모 삼아 터무니없는 임금을 주는 업 주들이 사회문제가 되었다. 열정, 즉 영어로 passion은 어원이 라틴어 passionem이다. 고통suffering, 참을성 있는enduring이라 는 뜻도 가지고 있다. 기독교에서는 십자가에 매달린 예수의 육 체적 고통을 뜻한다. 바흐가 작곡한 〈마테 수난곡〉도 제목이 'St. Matthew Passion'이고, 예수의 고난을 다룬 할리우드 영화 제목 도 〈패션 오브 크라이스트Passion of Christ〉이다. 예수님이 고난의 순 간에도 열정을 가질 수 있었던 이유는 이 고난을 겪고 나면 하느 님의 나라에 갈 수 있다는 목표가 눈에 보였기 때문이다. 열정은 설렘이 있을 때 담보된다. 가시적 성취감이 중요한 이유다.

2021년 한때 대기업들이 성과급으로 큰 혼란을 겪었다. 수십 년 동안 성과급을 같은 방식으로 지급해왔는데 젊은 구성원들이 갑자기 의문을 제기했다. 왜 그렇게 결정했는지 알려달라는 요구가 봇물 터지듯 나왔다. 금액 자체보다 기준을 알고 싶다는 거다. 분위기가 심상치 않자 모 기업 대표가 수습에 나섰다. 올해는 일단 책정된 대로 가고 내년에 체계를 바꾸겠다는 것. 해결되었을까?

요즘 세대에게 잘 안 통하는 방법이 '다음에 잘해줄게'이다. '이번에는 선배가 승진할 차례이니 고과 점수를 몰아주고, 다음 기회에는 당신도 그렇게 해주겠다'는 약속은 더 이상 먹히지 않는다. 내가 그 '다음'에 이 조직에 있을 거라는 보장이 없기 때문이다. 막연하게 '다음에, 다음 기회에, 잘될 때'를 약속하는 건 의미가 없다. 솔직히 약속하는 사람도 확신이 없기는 매한가지 아닌가?

가시적 성취감은 세 가지 조건이 맞을 때 생긴다. 강의 때 자주 하는 게임으로 종이비행기 날리기가 있다. 3~4미터 앞에 현금 1만 원을 둔다. 수강생 모두에게 각자 비행기를 접게 하고 목표에 근접한 한 사람에게 현금을 바로 지급한다. 이 게임을 하면 강의장 분위기가 확 살아난다. 모두가 너무나 열심히 참여하기 때문이다. 왜일까? 일단 해볼 만한 목표다. 그 정도 거리면 아주 쉽지는 않아도 가능은 하겠다는 자신감이 든다. 평가도 명확하다. '목표에 근접한 사람이 우승'이라는 기준에 따르면 누가 봐도 명확한 결론을 내릴 수 있다. 마지막으로 즉각적 보상이 있다. 현장에서 1만 원이 바로 지급된다. 가시적 성취감이 있으니 열심히 참여하는 거다.

칸반 시스템

이처럼 업무 관리도 눈에 보여야 한다. 애자일 방법론이 등장하면서 관심이 몰리는 칸반 시스템Kanban System이 그런 용도다. 원래 칸반은 일본어의 간판에서 나왔다. 일종의 시각화를 통한 업무관리다. 팀 특성에 따라 조금씩 달리 쓰일 수 있다. 어떤 경우는 To Do, Doing, Done으로 표기하기도 하고, 어떤 경우는 사전조사, 계약준비, 계약성사, 계약체결 등의 업무 프로세스로 쓰기도 한다. 포스트잇이나 글자색을 통해 긴급도를 나타내기도 한다. 온라인 시스템으로 만들어 쓰기도 한다. 업무가 어디에서, 누구에 의해, 어떻게 진행되고 있는지를 드러내는 것이다.

제조업에서 재고관리가 중요하듯, 칸반은 구성원 업무의 재고관리 시스템이다. 업무가 한눈에 보이면 어떤 일이 누구에 의해 진행되는지 손쉽게 파악할 수 있다. 사실 우리가 하는 회의의

IDEA	TO DO	DOING	DONE

| 칸반 시스템 |

많은 부분이 누가 어떤 일을 어떻게 하고 있느냐를 파악하는 목적이다. 칸반이 잘되어 있으면 소모적 회의를 많이 줄일 수 있다. 또한 어디에서 일이 지체되고 있는지, 병목이 무엇인지 한눈에 드러난다. 일이 잘 풀리지 않고 있을 때 원인 파악을 빠르게 할 수 있다. 이를 통해 동료들끼리 상호 피드백이 가능하다. 동료들은 계획대로 잘 진행하고 있는데 나만 뒤처지고 있거나 멈춰 있다면 관리자가 굳이 지적하지 않아도 본인이 무언의 압박을 느끼게 된다. 또는 서로 도와줄 수도 있다. 모두가 어디에서 일이 멈춰 있는지 알 수 있기에 협업을 통해 문제를 해결할 필요가 눈에 보인다. 결국 업무 속도와 품질 측면에서 상향평준화가 이루어진다.

이렇게 장점이 많은 시스템인데 문제는 따로 있다. 사실 이런 업무 시각화 방법으로 1980~1990년대 제조업에서 많이 쓰였

새로운 시대 조직의 조건

던 비주얼플래닝Visual Planning도 있었다. 원리는 비슷하다. 다만 이런 시스템의 기본 전제는 구성원들이 정확하게 자기 업무와 데이터를 등록하는 데 있다. 시스템은 정교하지만 정작 아무도 자기 일을 올리지 않으면 무용지물이다. 그러면 왜 올리지 않을까? 일일이 올리기가 귀찮아서일 수도 있지만, 그보다는 감시당한다는 느낌을 받아서다. 내 일을 시시콜콜 알아내 통제하려는 목적으로 오해하기 때문이다. 칸반은 다를까?

눈에 보여야 관리할 수 있다

연휴에 유명 관광지에 가본 적이 있는가? 관광객들이 너무 몰려서 경치를 보러 온 건지 사람 구경을 하러 온 건지 구분이 안 간다. 한 발자국을 떼기도 어렵고 사람들의 물결에 떠밀려 가는 느낌이다. 관광은 이미 물 건너갔고 빨리 이 자리를 뜨고만 싶다. 일본의 한 벚꽃 공원에서는 입구에서 경비원이 번호표 같은 것을 한 사람 한 사람 나눠준다. 번호표는 출구에서 반납한다. 이런 식으로 출입 인원을 제한하는 것이다. 입구에서 준비한 번호표가 다 떨어졌는데 출구에서 그만큼 회수가 안 되었으면 더 이상 관광객을 받지 않는다. 관광객도 입구에서 조금 기다리더라도 공원에 들어가서는 쾌적한 환경에서 마음 편하게 즐기는 편이 낫다.

공원을 관리하는 입장에서도 관광을 하는 입장에서도, 최선의 방법이다.

칸반은 이 지점에서 출발한다. 그래서 가장 중요하게 보는 것이 Doing이다. 현재 진행되고 있는 일, 즉 WIP_{Work in Process}가 중요하다. WIP가 일정 수준 이상으로 넘어가지 않도록 제한한다. 사람마다, 조직마다 차이는 있겠지만 한 사람이 프로젝트 기준 두 개 이상은 맡지 않는 것이 좋다고 한다. 일이 너무 많으면 분명히 품질에 영향을 미친다. 일은 어찌어찌 진행된다 해도 사람에게는 한계가 있는 법. 결국 번아웃에 빠진다. 일 잘하던 일당백 김 대리가 갑자기 성과가 나빠지거나 회사를 그만둔다. 인력 자원의 손실이 발생하는 것이다. 벚꽃 공원이나 칸반 시스템이나, 제한하면 효율이 올라간다는 믿음에서 시작한다.

밀려오는 일을 열심히 하는 것도 중요하다. 그러나 변화무쌍한 환경에서는 시작하고 그만두고 또 다시 시작하는 일이 빈번해질 것이다. 지금보다 일이 더 많아질 거라는 얘기다. 이럴 때는 우선순위를 정해서 집중하는 것이 효과적이다. 스피디한 대응도 중요하지만, 떠밀려서 일하지 않는 환경을 만들어야 한다. 그러려면 일단 눈에 보여야 관리할 수 있다.

기-승-전-
소통!

　요즘 세상은 워낙 정보가 넘쳐나고, 상황도 빠르게 변한다. 어제는 정답이었던 것이 오늘은 정답이 아닐 수도 있다. 세상도 바뀌고 사람들도 달라지고 상황도 달라진다. 이제는 한두 명의 결정권자가 모든 것을 파악해 끌고 나가는 것이 불가능해졌다. 모두가 단편적인 정보만을 가질 수밖에 없다.

　조직에서 소통을 강조하는 것도 이런 이유다. 기업 교육에서 가장 수요가 많은 주제를 보면 아마 커뮤니케이션, 소통일 것이다. 그만큼 중요하지만 제대로 안 되기 때문이다. 왜 회사에서까지 이렇게 소통을 강조할까? 친해지기 위해서?

소통하면 오해가 이해로 바뀐다

　서울 올림픽대로를 가다 보면 늘 막히는 구간이 있다. 여의도에서 강남 방향 중간쯤 나오는 반포 나들목이 그렇다. 끝 차선에서 순서를 기다리다 보면 15분 이상 걸릴 때도 있다. 브레이크에 발을 댔다 떼었다 하는 통에 다리가 저리다. 그렇게 한참을 기다려 드디어 내가 나갈 차례가 되었다. 이때 꼭 등장하는, 옆 차선에서 밀고 들어오는 얌체 차량. 여러분이라면 어떻게 하겠는가? 나도 15분을 기다려서 나가는 건데 갑자기 치고 들어오는 차량을 고운 마음으로 보내주기가 쉽지 않다. 가능한 한 끼워주지 않으려고 앞차와의 간격을 최대한 줄인다. 아니면 끼워주더라도 경적이라도 울려 분풀이를 한다. 그런데 끼어드는 차 앞 창문이 열리더니 말한다. "죄송합니다. 저희 아이가 지금 화장실이 급해서요. 잠시 먼저 가도 되겠습니까?" 실제로 뒷좌석을 보니 아이가 있다. 어떻게 하겠는가? 웬만하면 보내줄 것이다. 친절하게 간격을 띄워서 편하게 들어가도록 도울 수도 있다.

　왜 같은 상황인데 나의 행동이 달라질까? 앞차의 사정을 알았기 때문이다. 사정을 모르면 '이런 얌체 같으니' 화부터 난다. 분노가 커질수록 행동도 부정적으로 나온다. 하지만 상황을 알면 '그럴 수 있지, 나도 그런 적 있는데'라며 공감한다. 최대한 돕고 싶은 마음도 생긴다. 오해가 이해로 바뀐다.

저쪽 부서의 상황을 모르니, '저기는 맨날 저래, 저 부서는 늘이런 식이야' 하고 부정적인 감정이 생긴다. 그 부서의 상황을 알면 이해가 가고 내가 도울 방법을 찾는다. 우리가 소통하는 이유가 바로 여기에 있다.

어떤 스토리를 만들 것인가

예를 들어보자. 어머니와 딸이 함께 운영하는 국숫집이 있다. 그런데 이 모녀, 문제가 심각하다. 서로 도우면서 일해도 모자랄판에 만나기만 하면 서로에게 잔소리하느라 바쁘다. 주방에서 일하는 어머니는 홀에서 일하는 딸이 영 마뜩잖다. 손님한테 서비스하는 태도도 마음에 안 들고, 국수가 붇지 않아야 하는데 서빙하는 속도도 너무 느리다. 빠트리는 것은 또 왜 이렇게 많은지···. 딸은 어떨까? 안 그래도 빠듯한 마진 구조에서 어머니는 국수를 매번 너무 많이 삶는다. 어떤 날은 팔린 것보다 남아서 버리는 국수가 더 많은 느낌이다. 왜 저렇게 하지? 비용 개념 없는 어머니 때문에 속상하다.

보다 못한 주변 사람들이 나섰다. 솔루션은 서로 바꿔 일하기. 하루 동안 어머니가 홀에서 서빙을 하고, 딸이 주방에서 음식을

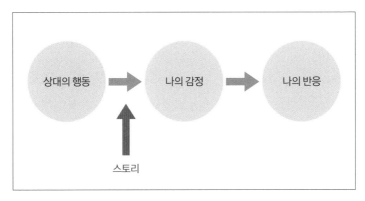

| 어떤 스토리를 만드느냐에 따라 나의 반응이 달라진다. |

만든다. 서로 내가 더 힘들고, 나만 고생한다고 생각했는데 실제
해보니 현실은 다르다. 서빙하는 어머니는 주문받는 것부터 음식
나가는 것까지 실수투성이다. 손님 받는 순서도 어찌나 헷갈리는
지, 여태껏 알바 두 명 몫을 혼자 했던 딸이 새삼 고맙다. 딸도 마
찬가지. 국수라는 것이 조금만 지나도 불어버리니 양 맞추기가
쉽지 않다. 손님상에 탱글한 국수 면발을 빨리 내려면 버리더라
도 한 번에 삶아놓는 수밖에 없다. 무엇보다 좁은 부엌에서 어머
니가 고군분투했을 걸 생각하니 틈틈이 돕지 못한 자신이 부끄럽
다. 어머니는 홀에 대한 이해가, 딸은 주방에 대한 이해가 부족한
탓에 갈등이 생긴 것이다.

　　상대의 행동으로 인해 나의 감정이 생기고, 그에 따라 나의
반응이 결정된다. 이때 상대의 행동과 나의 감정 사이에 스토리

　　　　　　　　　　　　　　　　새로운 시대 조직의 조건

가 있다. 이 스토리를 어떻게 만드느냐에 따라 나의 감정과 반응이 달라진다. 올림픽 대로에서 끼어드는 상대방 차에 대해 어떤 스토리를 만드느냐에 따라 내 행동이 달라진다. 상대방 상황을 정확하게 모르면 잘못된 스토리가 만들어진다.

조직 간에도 잘못된 스토리 때문에 갈등이 생긴다. 잘못된 스토리가 계속 쌓이면 서로에 대한 부정적인 확신이 생긴다. 결국 스토리가 관건이다. 스토리를 정확하게 만들기 위해서는, 잘못된 스토리로 오해가 생기지 않기 위해서는, 서로 소통해야 한다. 제대로 된 정보와 지식이 제대로 된 스토리를 만든다.

정보가 편하게 오가는
스크럼 회의

한 제약사 영업팀 회의. 바로 현장을 나가야 해서 시간이 별로 없다. 한 사람씩 자신의 일정을 공유한다. A 영업사원, "저는 오늘 새로 오픈한 ○○병원을 방문하려고 합니다. 거기 원장님이 어떤 분일지 몰라 조금 걱정되네요." 옆에서 듣던 B 영업사원, "어? 거기 XXX 원장님이 새로 오픈하신 데죠? 저 그분 잘 알아요. ○○ 관련해서 관심이 아주 많은 분이죠. 제가 개인 연락처도 있는데, 전화 한번 드려놓을까요?"

정보는 힘이다. 누군가에게는 별거 아닌 정보가 다른 사람에게는 큰 힘이 된다. 우리가 팀으로 일해야 하는 이유다. 문제는 그런 정보가 잘 유통되어야 한다는 점. 정보를 공유共有하는 이유는 서로 공여(供與)하기 위해서다. 그냥 공유하는 것에서 한발 더 나아가, 서로 도움을 줄 때 비로소 의미가 있다.

도우려면 뭘 알아야 한다. 상대방에게 어떤 니즈가 있는지, 어떤 고민이 있는지, 뭐가 어려운지 알아야 도울 수 있다.

업무 드러내기

특히 언택트 환경에서는 재택근무, 원격근무, 하이브리드 업무 등 새로운 업무방식이 속속 도입되고 있다. 코로나 이후 우리나라에도 재택근무를 경험해본 직장인이 급격히 늘어났다. 문제는 '집에서 일하면 노는 것이다'라는 인식이다. 실제 재택근무 중 마사지숍에 가거나, 골프장에 간 게 들켜서 문제가 된 경우가 왕왕 있다. 자신은 재택근무 중에도 열심히 일하는데, 이런 기사를 보면 힘이 빠진다. 사람은 누구나 손실 회피 성향이 강하다. 다른 사람들은 나만큼 열심히 안 한다는 생각이 들면 나도 하기 싫어진다. 손해 보고 싶지 않아서다. 재택근무는 결국 서로 '일 덜하기 눈치 게임'이 되곤 한다.

그래서 리모트 워크를 오래 해온 기업들은 '드러내기'라는 방법을 도입했다. 모두가 사무실에서든 집에서든 열심히 일하고 있다는 정보를 공유하기 위해서다. 나뿐만 아니라 다른 사람들도

| 구성원 모니터링 프로그램 중 하나인 워크이그재미너 |

성실하게 근무하고 있다는 정보를 공유하면 신뢰가 생긴다. 액티브트랙ActiveTrak, 타임닥터Time Doctor, 워크이그재미너WorkExaminer와 같은 구성원 모니터링 프로그램이 도입된 이유다. 이런 프로그램을 통해서 정보가 투명하게 공유된다. 이 사람이 오늘은 몇 시간을 일했는지, 이번 주는 어땠고 지난주는 어땠는지, 어떤 사이트를 주로 들어갔는지, 무슨 일을 주로 했는지, 분 단위로 세밀하게 관리되고 그대로 오픈된다. 부서원 모두가 볼 수 있다.

어떤가? 혹시 감시라고 생각되는가? 서로 믿기 위한 정보 공유지만 숨이 막히는 건 사실이다. 하지만 꼭 이런 프로그램이 아니어도 각자의 업무를 투명하게 공유하는 것은 필요하다.

새로운 시대 조직의 조건

스크럼 회의는 자주 할수록 좋다

애자일 기법이 유행하면서 관심이 커진 업무방식 중 스크럼 scrum 회의가 있다. 일종의 정보 공유 회의다. 혹자는 말한다. 우리도 매일 회의하는데요? 그런데 한번 보자. 열 명이 회의에 참석하면 단 세 명만 집중한다고 한다. 그 세 명이 누구일까? 일단 회의를 주재하는 사람, 가장 높은 분은 집중한다. 보고를 받으니까. 그 다음, 보고하는 발표자도 당연히 집중한다. 마지막은? 다음 발표자다. 우리도 그렇지 않은가? 내가 다음 발표할 차례면 속으로 리허설도 하고, 목소리도 가다듬고, 앞사람이 언제 끝나나 유의해서 듣는다. 그리고 내 발표가 끝나면 나도 회의 끝. 이후 집중도는 현저히 떨어진다.

회의가 이렇게 되고 있다면 과연 공유라는 목적이 제대로 달성될까? 어떻게 보면 한 명을 위해서 나머지 아홉 명이 의전을 하고 있다 해도 과언이 아니다. 이렇게 일대일로 보고하고 지시하는 거라면 굳이 그 열 명이 한자리에 다 모일 필요가 없다.

보고와 공유는 다르다. 스크럼 회의는 철저하게 공유 목적으로 진행한다. 스크럼이라는 것이 원래 미식축구 같은 경기에서 선수들이 하나로 뭉쳐 있는 것을 뜻한다.

스크럼 회의는 N:N 방식을 지향한다. 모두가 모두에게 똑같이 자신의 일정과 업무상황을 공유한다. 리더도 예외가 아니다. 리더의 일정과 계획은 구성원들에게 중요한 정보다. '오후에 팀장님이 회의에 참석하신다고? 그러면 오전에 빨리 결재받아야겠다.' 이렇게 내 일에 적용할 수 있다. 그런데 우리 일정은 리더가 알지만 리더의 일정은 우리가 모르는 경우가 많다. 어디에도 안 나와 있기 때문이다. 그래서 스크럼 회의에서 이를 공유한다.

정보는 시시각각 변하고 타이밍이 중요하기 때문에 스크럼 회의는 자주 하는 것이 좋다. 가능한 한 매일매일 하기를 권고한다. 재택근무 중에도 최소한 하루에 한 번은 스크럼 회의를 하면 좋다. 안 그래도 팀원들끼리 얼굴도 못 보는데 스크럼 회의를 통해 업무 관리도 하고 서로 생사도 확인하며 팀십teamship을 도모한다.

그런데 자주 한다는 것은 그만큼 부담 없이 짧게 끝내는 것을 전제로 한다. 스크럼 회의를 위해 일부러 자료를 준비해야 하면 회의 자체가 부담돼 제대로 운영될 리 없다. 인원수에 따라 차이가 있지만, 일반적으로 15분 안에 끝내도록 한다.

사실 공유 회의가 길어지는 이유는 하나다. 공유와 이슈가 혼동되기 때문이다. 가령 이 대리가 오늘 일정을 이야기한다. 원래 ○○을 하기로 했는데 오늘까지 못 하게 되었다는 정보를 공유한다. 그러면 누군가, 특히 높은 분이 궁금하니까 질문한다. 왜 못 하는지. 이 대리가 답변한다. 이유와 근거를. 그러면 다시 어떻게 할 것인지 대책을 질문하고 다시 답변하고. 이러면서 회의가 길어진다. 그 회의에 참석한 박 대리는 이 대리가 오늘까지 못 한다는 정보를 듣고 자기 일정에 반영하면 된다. 그런데 박 대리와 상관없는 이야기가 계속된다. 집중력이 떨어질 수밖에 없다.

이럴 때는 공유와 이슈를 분리해야 한다. 이 대리가 정보를 공유하면, "그 일은 중요한 문제이니 스크럼 회의가 끝나고 누구, 누구만 남아서 다시 이야기합시다"라고 한 뒤 이슈 회의로 넘겨야 한다. 그래서 스크럼 회의를 할 때는 진행자를 별도로 두기도 한다. 아무래도 리더가 진행하면 묻고 지시하고 보고하는 형태로 갈 수밖에 없기 때문이다. 그러면 어떤 내용을 공유하면 될까?

스크럼 회의에서 가장 중요한 것

혹시 첫사랑을 기억하는가? 많은 사람들이 그렇다고 답할 것이다. 두 번째 사랑은? 세 번째 사랑은? 갈수록 기억이 흐릿하다. 왜 그럴까? 첫사랑은 대부분 미완의 사랑으로 끝난다. 이루어지지 않았으니 머릿속에 계속 남는다. 이를 자이가르닉 효과Zeigarnik Effect(미완성 효과)라고 한다. 일일 연속극도 마찬가지다. 주인공이 흠칫 놀라거나, 큰일이 벌어질 것을 암시하면서 끝나는 경우가 많다. 마무리가 안 된 채로 끝나니 시청자는 다음 회가 궁금할 수밖에. 시청률을 담보하는 장치다. 붐비는 레스토랑에서 근무하는 베테랑 서버의 비결도 바로 이거다. 한 번에 그 많은 주문을 어떻게 다 기억하나 놀랄 때가 많다. 그러나 그들은 주문받은 음식이 서빙되고 나면 깨끗하게 잊는다. 완료된 일은 지우고 리셋하니 새로 주문받을 여지가 생기는 거다.

우리 뇌는 뭔가 여운이 남으면 오래 기억한다. 이 점을 스크럼 회의에서도 활용할 수 있다. 전날 퇴근 전에, 다음 날 스크럼 회의에서 공유할 내용을 미리 정리하고 가면 된다. 한 일Done, 하고 있는 일Doing, 할 일To Do이면 충분하다. 업무를 마치기 전에 이걸 정리해놓으면 다음 날 스크럼 회의에서 공유하고 바로 업무에 몰입할 수 있다.

재택근무를 하거나 사무실에 출근해서, 책상 앞에는 앉았지만 막상 뭘 할까 막막했던 경험이 있지 않은가? 업무에 집중할 때까지 시간이 족히 십몇 분은 걸린다. 다 낭비되는 시간이다. 업무에 바로 몰입하기 위해 전날 미리 리스트를 만들어놓자. 아직 한 것이 아니기 때문에 머릿속에 남아 있어 바로 시작할 수 있다.

그럼 Done, Doing, To Do 중에서 가장 중요한 것은 무엇일까? 스크럼 회의는 잘했다, 못했다를 평가하는 자리가 아니다. 그래서 Done은 상대적으로 덜 중요하다. 스크럼 회의는 앞으로의 계획이나 전략을 논의하는 자리가 아니다. 그래서 To Do도 상대적으로 덜 중요하다. 가장 중요한 것은 Doing이다. 지금 무엇을 하고 있는지, 어떤 문제가 있는지 바로바로 공유하는 것이 목적이다. 리더는 구성원의 업무가 Doing에 계속 멈춰 있다면 반드시 챙겨봐야 한다. 무언가 장애물이 있을 가능성이 크다.

앞에서 예시한 제약사 영업팀은 지금 스크럼 회의를 하는 중이다. 현장으로 나가기 전에 다 같이 잠깐 모여서 각자의 일정을 공유한다. 그러다 보니 서로를 도울 수 있는 정보가 공유된다. 혹자는 묻는다. '공유만 하기 위한 거라면 굳이 회의하지 말고 자기 일정을 이메일이나 게시판에 올리면 되지 않을까요?' 그럴 수도 있다. 그러나 유용한 정보를 줬던 B 입장에서 생각해보자. 게시판에 A의 일정이 올라왔다. '음, 그 병원에 방문하는구나.' 이렇게 알고 끝이다. 그 병원 원장이 어떤 사람인지 몰라 고민이라는 A의 어려움은 알 방법이 없다. 게다가 B가 해당 원장을 잘 알고 있다는 정보를 굳이 이메일로 보내거나 게시판에 답글을 달거나 심지어 A한테 직접 연락해서 정보를 주자니 귀찮다. '나중에 얘기해줘야지' 하다가 깜빡할 수도 있다. 하지만 얼굴을 맞댄 자리에서는 어렵지 않다. 구두로 몇 마디 해주면 되니까. 정보 공유는 간편해야 한다. 그래야 공여할 수 있다.

서로 이해해야
함께 갈 수 있다

부서 이기주의를 뜻하는 사일로silo 현상은 조직 내 문제점으로 흔히 나오는 단골 메뉴다. 혹시 실제 사일로에 들어가본 경험이 있는가? 사일로는 굴뚝처럼 길게 만들어놓은 곡식 창고다. 좁은 평면에 최대한 많은 곡식을 저장하기 위해 높게 짓는다. 그 안은 어둡고 밖을 내다볼 수 있는 창문도 없다. 안에 들어가면 외부에서 무슨 일이 일어나는지 알 수 없다. 부서 이기주의도 이와 비슷하다 하여 사일로 현상이라는 이름이 붙었다. 각자 자기 일만 하고 다른 부서는 어떻게 돌아가는지 알지 못한다.

사실 부서 이기주의는 각자가 자신의 KPI 달성을 위해 열심히 일하다 보니 생긴다. 목표 달성에 관심이 없고 열심히 할 의지

도 없다면 굳이 다른 부서와 관계가 상하면서까지 최선을 다할
리 없다. 문제는 여기서 생긴다. 각자의 열정과 책임감 때문에 생
기는 일이라 누구를 탓하기도 어렵다.

그럼 어떻게 해야 할까? 이들의 열정과 책임감의 대상을 공통
의 목표로 한 단계 올리면 된다.

공통의 목표가 더 중요하다

소탐대실小貪大失. 자기 부서의 목표 달성만 따지다가 조직 전
체의 이익을 잃게 되는 경우가 있다. 자동차 부품을 만드는 글로
벌 기업의 한국 지사 A의 고민도 그랬다. 모두가 열심히 일하고,
성실하게 하는데 수익이 잘 나오지 않았다. 원인은 재고가 너무
많았던 것. 아시아태평양 지역 전체의 재고 중 80퍼센트가 A지사
에서 발생하고 있었다. 왜 그랬을까?

영업부서는 고객과의 납기 약속을 어기지 않기 위해 최선을
다한다. 그러려면 충분한 재고를 가지고 있어야 한다. 제조부서
는 물건이 없어서 제때 출하하지 못할까 봐 걱정이 많다. 그러려
면 충분한 재고를 가지고 있어야 한다. 연구소는 고장 난 이유, 품
질 저하의 원인 등을 바로 해결해야 한다. 실물을 가지고 연구하
는 것이 최선이다. 그러려면 충분한 재고를 가지고 있어야 한다.

이렇게 열정을 가지고 책임을 다하니 각 부서의 KPI는 늘 최고를 기록한다. 그에 비례해 회사 전체의 수익은 줄어든다.

KPI 달성의 목표는 결국 회사가 수익을 내기 위해서다. 모두가 이 사실을 인지한다면 노력의 방향이 달라질 수 있다.

인류의 우주 탐사 역사상 가장 큰 슬픔이라고 할 수 있는 챌린저호 폭파 사건. 소중한 우주인 일곱 명의 목숨을 앗아 간 비극도 여기서 시작됐다. 우주선 제작을 책임지는 부서에서는 O링이라는 부품이 날씨에 영향을 받는다는 사실을 알았다. 발사 당일 문제가 생길 수 있음을 인지하고, 그날 발사하면 안 된다고 주장했다. 반면 우주선 발사를 책임지는 부서는 발사 날짜가 가장 중요한 포인트다. 전 세계 TV 생중계부터 이후 홍보 프로세스까지 모두 디데이를 기준으로 만들어진다. 따라서 발사 날짜를 바꾸는 것은 전체가 다 바뀌는 것을 의미하기에 그날 꼭 발사해야 한다고 주장했다. 각자는 자신의 KPI에 최선을 다했지만 결국 사고가 났다. 만약 자신의 KPI가 아닌 '성공적인 발사'라는 공동의 목표를 생각했더라면 어땠을까? 제작부서는 '무조건 안 된다'가 아닌 되게 하는 방법을 찾았을 것이다. 발사부서는 '무조건 해야 한다'가 아닌 다른 방법을 찾았을 것이다.

부서 이기주의를 무조건 나쁜 것이라고 폄하할 수 없다. 열정의 방향을 바꿔주면 된다. 그러려면 사일로 밖에서 무슨 일이 일

어나는지 서로 알아야 한다. 각자 안에서 열심히 하되 창문이라
도 달아서 주기적으로 밖을 확인해야 한다. 멀리 가려면 함께 가
야 한다.

부서 간 이해를 높이는 콜라보 기법들

콜라보 매트릭스Collabo-Matrix라는 방법이 있다. 앞에서 언급한
자동차 부품 회사에서는 이 기법을 협업 툴로 활용했다. 가로축
과 세로축에 각 부서를 나열하고, 일대일로 만나는 칸에 각 부서
에서 받는 것Give과 주는 것Take을 적는다. 가령 영업팀과 생산공장
이 만나는 칸이 있다. 영업팀이 생산공장에 줄 수 있는 것으로는
고객사 동향, 납기 만족도, 고객불만유형 정리 등이 있다. 또 생산
공장에서 받고 싶은 것은 빠른 납기, 실시간 제조현황, 우수한 품
질 등이다. 생산공장이 영업팀에 줄 수 있는 것은 공장자산정보,
품질 현황 및 초기 품질 데이터 등이다. 영업팀에서 받고 싶은 것
은 판계적중률, 긴급생산최소화, 원천기술 시장반응이다.

이렇게 해보니 우리가 주고 있는 것과 상대방이 원하는 것 사
이에 불일치하는 부분이 보였다. 상대방이 원하는 것 중에는 우
리가 생각지 못한 것도 나왔다. 또 상대방이 별로 원하지 않는데
계속 주고 있는 것도 나왔다. 서로 정보가 공유되지 못했기에 생

Give \ Take	A부서	B부서	C부서
A부서		내가 도와줄 수 있는 것 (상대 최근 이슈 관련)	
B부서	내가 도움을 받을 수 있는 것 (상대의 핵심역량 기반)		
C부서			

| 콜라보 매트릭스 |

긴 결과다. 이처럼 콜라보 매트릭스는 정보를 공유하는 툴이다.

부서 간 이해를 높이기 위한 콜라보 만다라트Collabo-Mandalart 라는 툴도 있다. 원래 만다라트는 Manda(본질)+la(달성, 성취)+Art(기술)를 합친 말이다. 본질(목적)을 달성하는 기술이라는 의미다. 앞서 나왔던 업무 쪼개기의 달인인 일본 프로야구 선수 오타니 쇼헤이가 활용해서 유명해진 기법이다.

콜라보 만다라트를 활용해서 우리 부서와 가장 긴밀하게 협조해야 하는 부서를 가운데 칸에 기입한다. 그리고 동서남북으로 칸을 만들어서 그 부서의 현황(인력구조 등), 현재 고민, KPI, 그 부서와 최근 가진 비공식 자리(회식, 티타임 등)를 적어본다.

팀장급 워크숍에서 이 활동을 해보면 업무상 상당히 긴밀한

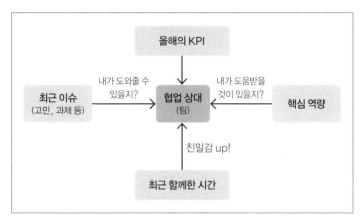

| 콜라보 만다라트 |

부서끼리라 해도 상대 부서의 KPI까지 아는 경우는 많지 않다. 그 부서의 고민을 알고 나면 여태껏 불만이었던 부분이 이해가 간다. '갑자기 부서원이 두 명이나 비어서 업무 처리가 늦었구나.' '그렇게 어려운 프로젝트를 하고 있으니 다른 일은 우선순위에서 밀릴 수밖에 없었겠네.' 비로소 고개가 끄덕여진다. 업무적으로 관계가 많다는 건 그만큼 함께하는 시간도 많다는 것인데 공식 자리 외 비공식적인 친교 자리가 너무 없었다는 걸 깨닫고 놀라기도 한다.

부서 간 문제뿐 아니라 동료 간도 마찬가지다. 1인 기업이 아니라 여럿이 함께 일하는 조직에서는 많은 사람의 힘을 합쳐서 시너지를 낸다. 그런데 현실에서는 함께 있어도 서먹하기만 한 경우가 많다. 각자 자기 일에 몰두하다 보면 퇴근 때까지 한마디도 안 하기도 한다. 물론 업무상 대화나 회의를 하기는 하지만 그걸로 끝이다. 각자 볼일이 끝나면 또다시 책상에 머리를 묻고 퇴근만을 기다린다. 이런 분위기에서 시너지가 날 수 있을까? 옆자리 동료가 어떤 고민이 있는지, 요즘 기분은 어떤지 아무도 관심이 없다면?

예를 들어보자. 강 매니저는 배우자가 입원해 있어서 아침마다 아이를 어린이집에 데려다주고 출근하려니 늘 조금씩 늦는다. 평소 데면데면한 분위기라 개인 사정을 팀 누구한테도 얘기하지 못했다. 결국 지각이 잦다는 이유로 눈총을 받고, 근태 불성실로 평가도 하위 점수를 받았다. 강 매니저가 그 팀에서 계속 잘 지낼 수 있을까?

이럴 때도 콜라보 만다라트를 활용해볼 수 있다. 팀원 중 업무적으로 긴밀한 사람 한 명의 이름을 가운데 칸에 적어놓는다. 그리고 동서남북으로 칸을 만들어서 칸마다 그 사람의 취미, 그 사람의 현재 고민, 그 사람의 최근 성과, 그 사람의 목표를 적어보게 한다. 자신 있게 답을 쓸 수 있다면 OK다. 그런데 대부분 네 개 칸을 다 채울 수 있는 경우는 드물다. 당사자에게 확인해보면 결과는 더 암담하다. 나는 그 동료의 목표가 A라고 알았는데 전혀 달랐다. 그 동료에게 이런 고민이 있는지도 몰랐다.

가장 많은 시간을 보내는 동료에 대해서 우리는 생각보다 아는 것이 별로 없다. 멀리 가려면 함께 가야 한다. 그리고 함께 가려면 상대를 이해해야 한다는 것을 기억하자.

물리적으로 뭉치기
- 약한 유대관계의 힘

정해진 트랙을 도는 육상 경기에서는 코치의 피드백이 중요하다. 코치가 경기장 밖에서 전체를 한눈에 보고 적시에 필요한 전략을 지시하면, 선수는 앞만 보고 빨리 달리면 된다. 반면 요즘처럼 애자일한 세상은 축구나 농구 같은 그라운드 경기에 가깝다. 그 안에서 패스를 주고받는 동료의 피드백이 중요하다. 동료들과 호흡하며 같이 뛰어야 한다. 뭉치면 살고 흩어지면 죽는다. 뭉칠 때도 이왕이면 '그 나물에 그 밥'보다는 다양한 재료가 섞인 비빔밥이 좋다.

어울리지 않는 조합이 의외의 결과를 낸다

스탠퍼드 대학교 사회학자 마크 그래노베터Mark Granovetter는 약한고리Weak Tie의 효용을 밝혀냈다. 그는 직장인 수백 명을 대상으로 구직 과정을 조사한 결과, 개인적인 연고를 통해 취업한 사례들에서 특이한 점을 발견했다. 절친한 친구나 지인들(강한고리) Strong Tie에게 도움을 받았다는 응답자는 17퍼센트에 그친 반면, 83퍼센트에 달하는 응답자가 가끔 만나거나 안면만 있는 사람들 (약한고리)Weak Tie에게서 도움을 받거나 정보를 얻었다고 답했다. 그래노베터 교수는 이를 이렇게 설명한다.

"강한고리의 사람들은 나와 같은 서클에 있으므로 대개 동일한 정보를 갖고 있는 경우가 많다. 반면 약한고리에 있는 사람들은 나와 다른 정보를 가지고 있을 확률이 높고 그 수가 강한고리보다 훨씬 많기 때문에 나를 도와줄 가능성이 높다."

나와 다른 배경, 지식, 경험을 가진 사람들과 의도적으로라도 연결되어야 하는 이유다.

실제로 서로 안 어울릴 것 같은 조합으로 의외의 결과를 만들어낸 사례는 많다. 스티브 잡스가 서체학을 공부한 것도 같은 이유다. 협소한 전문성보다는 다양한 경험을 통해서 창의성이 발현되기 때문이다.

사회학자 마틴 류프Martin Ruef가 스타트업에 진출한 스탠퍼드 대학생 766명의 사회적 관계를 조사한 결과, 다양한 사람들과 친분을 유지한 사람들의 혁신지수가 그렇지 못한 사람들보다 세 배나 높았다(출처: 'How to be creative', 〈The Wall Street Journal〉, 12/03/12). 약한고리가 힘을 발휘한 결과다.

비즈니스상의 신선한 아이디어는 강한고리보다 약한고리에서 나온다고 한다. 깊은 관계, 즉 가까운 친구, 친척, 지인들은 경험이 비슷할 수밖에 없다. 관심사도, 환경도, 가지고 있는 자원도 비슷하다 보니 새로움이 없다. 그러나 완전히 다른 분야, 다른 취향, 다른 관심사를 가지고 있는 사람들과 이야기하다 보면 내가 모르는 세상을 간접적으로 경험할 수 있다. 혁신은 이런 데서 출발한다.

젠틀몬스터라는 국내 안경 브랜드는 의외성으로 인기가 높다. 가로수길이나 북촌 같은 젊은 층이 많이 모이는 곳에 있는 매장은 겉으로 봐서는 안경 가게라는 생각이 전혀 들지 않는다. 거대한 목욕탕을 개조하거나, 정육점인가 싶은 곳도 있다. 이들이 이렇게 생소한 실험을 할 수 있는 데는 그들의 인력구성이 한몫한다. 조향사, 아트디렉터, 파티시에, 바리스타, 소믈리에까지 도저히 안경 회사 직원이라고는 상상조차 하기 어려운 이들이 한곳에서 일한다. 그 결과 젠틀몬스터는 예측할 수 없는 브랜드라는 이미지를 소비자들에게 각인시키는 데 성공했다. 그뿐 아니라 아트디렉팅이라는 신사업에도 진출했다. 중국 베이징의 SKP-S 백화점 공간 디자인에 참여한 것. 젠틀몬스터의 이후 행보를 기대하게 되는 이유다.

전 세계 아이들을 사로잡은 '아기상어Baby Shark'를 탄생시킨 기업 더핑크퐁컴퍼니는 이를 '무경험자 전략'이라고 부른다. 뮤지컬 배우, 힙합 댄서, 동화 작가, 무대 연출가, 피아니스트, 체육 교사 등 유아 콘텐츠 제작에 아무런 경험이 없는 이들이 모여 만든 결과이기 때문이다. 이들은 오히려 기존 유아 콘텐츠 전문가들의 레거시에 빠지지 않기 위해 노력한다.

보통 신규 사업을 시작할 때는 해당 사업의 전문가에게 위임해서 어느 정도 신뢰할 수 있는 퀄리티를 보장받으려 한다. 그 전문성이란 과거의 지식과 노하우로부터 나온다. 그런데 불확실성이 커지는 시대에 미래는 과거와 완전히 다를 가능성이 높다. 과거에는 말도 안 된다고 여기던 것이 새로운 상식이 되는 세상에서는 기존의 틀을 거꾸로 뒤집을 수 있는 '파괴적 혁신'이 필요하다.

더핑크퐁컴퍼니도 이 부분이 중요하다고 봤다. 그래서 교육 전문가보다는 원어민 수준의 영어 구사 능력자(글로벌 역량), 유튜브 능통자(신채널 역량)의 의견을 우선시했다. 이들이 교육 외 다른 분야 인력을 많이 채용하는 이유다.

그런데 혹자는 '나는 인맥이 넓지 못해 고민이다, 아는 사람이 별로 없다'며 고민한다. 요즘은 개인이 특별히 발품 팔지 않아도 다양한 사람을 만날 방법이 많다. 인터넷이나 SNS를 통하면 낯선 이들과 얼마든지 만날 수 있다. 텔런트뱅크, 숨고처럼 사람과 사람을 연결해주는 서비스도 많다.

대신 한번 만난 사람과의 관계를 잘 이어가는 것이 중요하다. 24-7-30의 법칙이 있다. 만나고 나서 24시간 내 안부인사를 전하고, 7일 내 SNS 친구 신청을 하고, 30일 내 추가 약속을 잡아야 한다는 의미다. 관계를 유지하려면 이 정도의 노력을 해야 한다.

급변하는 시대, 나와 다른 경험을 가진 사람을 찾아야 한다. 그들은 내 주변에 있을 수도 있고 우리 조직 밖에 있을 수도 있다. 중요한 것은 마음을 열고 그들을 받아들이는 것이다.

새로운 시대 조직의 조건

심리적으로 뭉치기
- 관계가 끈끈해야 투명하게 소통한다

2019 농구 월드컵의 미국 대표팀은 그야말로 드림팀이었다. 그레그 포퍼비치라는 명장 감독이 지도하고 NBA 각 팀의 에이스급 선수들이 포진한 세계 최강팀. 그러나 결과는 예상 밖이었다. 호주와의 평가전에서 무려 13년 78경기 만에 미국에 패배를 안기더니, 예선 두 번째 경기에서는 약체인 튀르키예와 분투 끝에 겨우 승리하며 불안함을 노출했다. 그리고 결국 프랑스와 붙은 8강전의 벽을 넘지 못하고 초라하게 귀국하는 신세가 됐다. 이 경기에서 무려 29득점을 한 도너번 미첼의 눈부신 활약이 있었음에도, 화려한 구성이 화려한 결과로 귀결되지는 못했다.

미국 역사상 쿠바를 상대로 한 두 번의 위기는 그야말로 천

국과 지옥이었다. 1961년 4월 17일, 당시 미국 정부는 소위 미국의 코끝에서 신경을 거슬리게 하는 쿠바의 독재정권이 마뜩잖았다. 그래서 쿠바 카스트로 정권을 무너뜨리기 위해 CIA가 고도로 훈련시킨 반反카스트로 쿠바 난민 1400명을 쿠바의 피그만에 침투시킨다. 결과는 참담했다. 1400명 중 200명은 피그만에 닿기도 전에 배가 암초에 걸려 목숨을 잃었다. 가까스로 해변에 상륙했지만 시골 해안이라 전화도 없을 거라던 그곳에 최첨단 통신장비가 설치되어 있었다. 카스트로가 직접 지휘하는 쿠바정부군이 즉각 출정했고, 소련의 압력으로 미 공군의 후방공격도 취소돼 결국 1200명 전체가 포로로 잡히고 만다. 이들을 위한 재판이 진행되는 1년 동안 미국은 국제적 놀림거리가 되었고, 5000만 달러를 지급하고서야 포로들을 석방시킬 수 있었다.

그로부터 1년 후인 1962년 10월 14일, 피그만 침공으로 미국의 위협이 현실화됐음을 느낀 카스트로 정부는 소련에 도움을 청한다. 북미대륙을 노리던 소련의 흐루쇼프는 즉각 쿠바에 핵미사일 설치를 계획한다. 군사 장비를 실은 소련 선단이 쿠바로 향한다는 첩보를 들은 미국 정부는 결정을 해야 했다. 미사일 공격으로 막아야 할지, 다른 방법으로 풀어야 할지. 소련과 미국의 군사적 충돌이 예상되는 시점, 전 세계가 숨을 죽이고 있었다. 다행히 미국의 막후 외교적 노력과 해상봉쇄에 소련 선단은 뱃머리를 돌

렸고 미국도 봉쇄를 풀면서 평화적으로 일단락됐다.

내가 틀릴 수 있다는 생각

같은 리더(케네디 대통령)가 같은 엘리트 집단(하버드대 교수 출신 국방장관, 유명 역사학자, 라틴 전문가 등)과 함께 같은 대상(쿠바의 카스트로, 소련의 흐루쇼프)을 상대한 경우인데 어떻게 이렇게 다른 결과가 나왔는지 학자들은 궁금했다. 결론은 훌륭한 개개인이 모여 그룹을 이뤘다고 해서 시너지가 나는 것은 아니라는 사실이었다. 그들이 심리적으로도 제대로 묶이지 않으면 오히려 집단사고라는 오류를 일으킨다. 솔직한 의견이 오가지 않고 한쪽으로 쏠리는 현상이 발생하는 것이다. 피그만 침공 사태로 교훈을 얻은 건 누구보다 리더인 케네디 대통령이었다. 각 분야의 전문가들이 모여서 의논했지만 그들은 자의든 타의든 자기 의견을 내는 데 실패했다. 케네디라는 젊고 유능한 리더의 카리스마에 눌리기도 했다. 케네디 대통령은 자신부터 변화하기로 했다. 결정권자인 본인부터 자신이 틀릴 수 있음을 가슴속에 담았다.

"나도 틀릴 수 있다 I may be wrong."

리더의 확신은 약이 되기도, 독이 되기도 한다. 확신에 찬 리더는 강력한 추진력으로 일이 되도록 만든다. 그러나 때로는 리더의 확신이 다른 의견을 들어야 하는 귀를 막아버린다.

$6 \div 2 (1+2) = ?$

이 식의 답을 알겠는가? 1이라고 답했다면 아마 중괄호를 활용해서 계산했을 것이다. 만약 9라고 답했다면 생략되어 있는 곱셈 기호를 활용했을 것이다. 이 수식은 수학 표기법에 관한 많은 논란을 불러왔다. 어떤가? 수학의 답은 절대적인 값이 있어야 하는데, 이마저도 표기 방식에 대한 생각이 달라지면 값이 달라진다. 어떤 경우라도 내가 틀릴 수 있다는 말이다. 경험과 지식이 많은 리더들이 주니어 직원들의 의견을 들어봐야 하는 이유다.

솔직히 말하면, 이렇게 의견을 들었을 때 열 번 중 여덟, 아홉 번은 괜히 들었다 싶을 수 있다. 들어봤자 별 얘기가 안 나온다. 나온 의견도 다 내가 아는 내용이다. 그런데 그중 한두 번은 '아! 내가 그 부분을 간과했네, 그렇게 생각할 수도 있겠네'라고 할 만한 내용이 있을 것이다. 리더는 열 번 중 여덟, 아홉 번을 잘 결정해도, 한두 번의 실수 때문에 평판이 깎인다.

다른 의견을 듣기 위한 제도

케네디 대통령도 이 부분을 깨달았다. 결정권자로서 자신을 바꿨을 뿐 아니라 그룹의 시너지를 높이는 데도 변화를 꾀했다.

케네디는 토론 과정에서 어느 한쪽 의견에 경도되지 않도록 레드팀을 설치했다. 레드팀이란 모의 군사훈련에서 훈련 효과를 높이기 위해 팀 내에 설정한 '가상의 적군'이다. 항상 반대의견을 냄으로써 기업의 다양한 상황을 미리 예측하고, 약점을 발견하여 되짚어보고 분석하여 의사결정자에게 새로운 통찰력을 제공한다. 모두가 "예"라고 할 때 "아니오" 의견도 들어보기 위한 장치다.

이스라엘의 '열 번째 사람Tenth Man'도 레드팀과 같은 개념이다. 이스라엘은 몇 번의 중동전쟁을 거치면서 모두가 전쟁이 없을 거라고 예상할 때 갑자기 전쟁을 치러야 했다. 그에 대한 교훈으로 모두가 상식이라고 말할 때 열 번째 사람은 반드시 그 상식에 도전하도록 제도화한 것이다. 작은 실마리라도 모두 테이블 위에 올려서 다뤄야 하기 때문이다. 작은 이견이 있는데 테이블 위에서 제대로 토론되지 않은 채 밖으로 나가서 실행되면, 나중에 잘못될 경우 이를 회복하는 데 더 큰 비용이 든다. 레드팀은 모든 의견과 이견이 다 다뤄지도록 제도화한 것이다.

이뿐만이 아니다. 케네디 팀은 전문가 위원회를 두 개로 나눠서 각각 다르게 토론을 진행시켰다. 각 위원회의 토론 내용은 서로에게 알려지지 않았다. 그래서 같은 주제에 같은 결론이 나오면 진행하고, 다른 결론이 나오면 다시 토론했다. 각자의 역할과 영역을 명확히 하고 정보 공유와 스스럼없는 피드백을 강화하기 위해서였다. 케네디 정부의 이런 노력은 두 번째 쿠바 사태 때 빛을 발했다. 강경파도 온건파도 어느 한쪽 의견으로 치우치지 않도록 충분히 토론했다. 이견도 충분히 다뤘다. 각 전문가들의 전문성은 이런 상황에서 꽃을 피웠다. 상대방을 인정하되 자신의 의견도 거리낌 없이 피력했다. 이런 과정을 거친 정책 결정은 성공적일 수밖에 없었다.

R&R 정리 툴을 활용하라

케네디 정부의 교훈처럼 집단사고가 아닌 집단지성Group Genius이 되려면 참여자들의 역할을 명확히 설정하는 것이 중요하다. 대표적인 R&R 정리 툴이 RACI 차트다. 실무담당자Responsible, 의사결정권자Accountable, 조언자Consulted, 정보공유자Informed의 앞 글자를 딴 것으로, 최소한 이 정도의 역할은 정해둬야 한다는 의미다.

흔히 리더들이 "서로 잘 도와서 하세요"라고 지시하는데 이는 립서비스일 뿐이다. 그룹의 개개인이 어떤 역할을 해야 하는지 RACI 정도는 정해줘야 한다. 누가 실무담당이고, 누가 최종 결정을 내릴 것이고, 실무자가 도움이 필요하면 누구에게 청해야 하고, 결과는 누구에게까지 알려줘야 하는지 정해놓는다.

특히 '조언자'를 지정하는 것이 중요하다. 가령 내 일 아니라

고 무관심한 선배가 있다면 '당신이 이 업무의 조언자입니다'라
고 지정하는 것이다. 완장을 채워주는 효과다. 단, '실무담당자'는
아니기 때문에 지나치게 간섭하지 않도록 제한하는 용도이기도
하다.

'사공이 많으면 배가 산으로 간다'라는 속담이 있다. 그러나
사공이 많으면 배 타고 등산도 할 수 있다. 힘을 합치면 못 할 일
이 없다는 뜻이다. 단, 그들의 힘이 한 방향으로 모일 때 가능하
다. 중요한 것은 각자의 역할이 명확한 팀이 서로 투명하게 소통
하는 것이다. 심리적으로도 끈끈하게 뭉쳐야 한다.

언택트 환경에서
'원팀'이 되는 법

선생님이 심부름을 시켰다. 5000원짜리 물감을 사 오라는 것. 문방구에 가보니 5000원짜리는 없고 대신 3000원짜리와 7000원짜리만 있다. 어떻게 해야 할까? 1번, 3000원짜리를 산다. 이왕이면 싼 게 좋으니까. 2번, 7000원짜리를 산다. 비싼 게 품질이 좋으니까. 3번, 5000원짜리가 없으니까 아무것도 사지 않는다. 여러분의 답은?

이 경우는 '선생님께 전화해서 여쭤본다'가 답이 아닐까? 지시한 사람의 의도를 확인해야 한다. 위 보기의 답들은 모두 본인 위주로 생각한 것이다. 자기중심성이다. 요즘 리더들의 고민 중 하나도 바로 이것이다.

요즘 젊은 사원들은 스펙이 어마어마하다. 외국어 능력부터 각종 자격증은 기본이고, 인턴십을 통해 다양한 실무 경험도 갖고 있다. 그렇게 능력 있고 똑똑한 친구들이 가끔 엉뚱한 결과를 가져온다. 지시한 것과 완전히 다른 내용으로 일해서 리더를 당황시킨다. 왜 그럴까? 자기 생각대로 진행해서다. 조직에서 일은 혼자 하는 것이 아니다. 요청한 사람이 있고 실행하는 사람, 결과를 알아야 하는 사람도 있다. 그 일로 인해 영향을 받는 사람이 많다. 이들을 이해관계자라고 한다. 즉, 나 혼자 생각할 것이 아니라 이해관계자들의 입장에서 함께 생각해야 한다. 이 일을 요청한 사람의 의도는 무엇일까? 이 일을 실행하는 사람의 입장은 무엇일까? 이 일로 영향을 받는 사람의 상황은 무엇일까? 다각도로 살펴봐야 한다.

목표 공유의 중요성을 배우는 칠교게임

칠교게임이라는 것이 있다. 네모판을 각종 모양으로 자른 후 원래의 네모 틀에 맞춰보는 게임이다.

기업 워크숍에서 이 칠교게임을 진행할 때가 있다. 조별로 하는데, 1차 시도에서는 일부러 안 맞는 조각들을 나눠준다. 틀에 맞춰봐야 헛수고다. 도저히 안 맞으니 오른쪽 옆 사람에게 내가

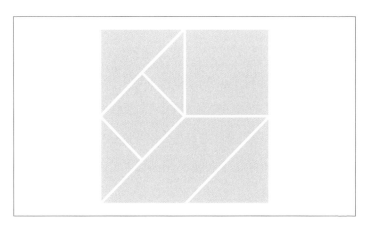

| 칠교 게임 |

가진 조각 중 하나를 주도록 한다. 나 또한 왼쪽 옆 사람에게 조각 하나를 받는다. 조각 하나씩을 나눠 가졌는데도 안 되면 같은 방식으로 하나씩 더 나눠 갖는다. 물론 그렇게 해도 네모틀에 맞추기는 쉽지 않다.

이번에는 2차 시도다. 이때는 네모판이 어떻게 잘렸는지를 보여주는 정답지를 나눠준다. 사람마다 정답지가 다 다르다. 가령 다섯 명이면 다섯 개의 서로 다른 정답지가 제공된다. 그리고 조에서 다 같이 맞춰보라고 지시한다. 이렇게 하면 1차 때와 완전히 다른 모습이 펼쳐진다. 일단 각자 정답지 한 장씩을 담당한다(R&R을 하는 거다). 그리고 모든 조각들을 가운데 모아놓고(공동 자원으로 만든다) 자신의 네모틀에 맞추기 시작한다(본인의 KPI가 명확하다). 정답지가 공유되었기 때문에(공동의 목표를 공유했다) 내 조각을 찾다가 옆 사람에게 맞는 조각이 나오면 같이 찾아준다. 이렇게 하면 1차 때보다 훨씬 빠르게 조원 모두의 조각 맞추기가 끝난다.

1차와 2차의 차이를 알겠는가? 1차도 조별 작업이긴 했다. 그러나 한 조에 같이 있었을 뿐 각자의 조각을 맞추는 데 전념했다. 옆 사람에게 조각 하나를 줄 때도 나에게 필요 없는 조각을 넘겼다. 어떻게 보면 불필요한 자원을 옆 사람에게 버린 셈이다. 2차 때는 모두의 정답지를 공유함으로써 조직의 목표를 공유한다. 그리고 각자의 조각들을 가운데 모은다. 가용자원을 함께 활용하기 위해서다. 그러면 자신의 조각을 찾는 동시에 다른 사람의 조각도 같이 찾아줄 수 있다. 동료의 KPI를 알고 이를 달성하도록 도와줄 수 있다. 이렇게 했을 때 개인의 성과뿐 아니라 조직의 성과까지 달성할 수 있다. 목표를 공유하고 자원을 함께 활용하고 모두의 KPI 달성을 위해 서로 돕는 것, 이것을 우리는 협력cooperation이라고 한다.

언택트 환경에서 소속감을 만드는 리추얼

우리는 흔히 원팀 정신one team spirit을 얘기한다. 그러나 한 팀이 되었으니 저절로 시너지가 날 것이라는 기대는 착각이다. 가족이지만 가족이 아니었어야 더 좋은 관계도 있다. 한 팀으로 모였으나 오히려 모이지 않느니만 못한 경우도 많다. 그저 모여 있다고 해서 팀은 아니라는 거다.

언택트 환경으로 바뀌면서 사람들이 물리적으로도 멀어지고 있다. 각자의 집에서 근무하는 재택근무, 24시간 중 자신의 근무 시간을 임의로 정하는 유연근무, 사무실보다는 현장근무 등이 많아지면서 한 팀이지만 얼굴 한번 보기도 어렵다.

이런 사례도 있다. 2020년 팬데믹으로 거리두기가 한창일 때 3월에 입사한 신입사원이 있었다. 채용부터 언택트였는데 이후 신입사원 교육도 언택트로 진행하고, 재택근무가 길어지면서 팀장의 얼굴을 화면으로만 보고, 실제로는 1년 내내 한 번도 못 만났다는 웃지 못할 일화도 있다. 이 신입사원이 팀에 소속감을 느낄 수 있을까? 신입사원 교육이 끝나고 동기들과 마시는 시원한 맥주 한잔의 즐거움도, 막내가 들어왔다며 기쁘게 맞아주는 선배들의 눈인사도, 첫 보고서를 쓰고 난 후 팀장이 수고했다며 웃어줄 때의 성취감도, 그 신입사원은 한 번도 못 느끼고 있다. 팀에 소속되어 있긴 하지만 팀십을 느낄 수 있는 환경이 아니기 때문이다.

이런 언택트 환경에서 조직들이 관심을 갖고 있는 주제가 리추얼ritual이다.

남극 탐험에 나섰던 인듀어런스호가 빙하에 갇혀 좌초된다. 도보로 남극을 횡단해야 하는 상황. 평균 영하 60도의 극한 환경에서 얼마나 걸릴지 모르는 도보 횡단을 계획하면서 가장 중요한 것은 짐 줄이기. 선장은 선원들에게 각자 생존 필수품으로 1킬로그램의 무게까지만 챙길 수 있게 했다. 본인도 제일 먼저 금화와 가족앨범을 버리면서 짐 줄이기에 솔선수범했다. 이런 상황인데 무려 5.5킬로그램에 달하는, 생존과 전혀 상관없는 '이 물건'은 가지고 가게 했다. 무엇이었을까? 밴조라는 악기였다. 하루 종일 걸어서 움직이다 밤에 야영할 때, 선원들과 다 같이 모여 밴조를 연주하면서 춤추고 노래하는 시간을 갖기 위해서였다. 오늘 하루한 사람도 낙오하지 않고 무사함을 신께 감사하면서, 내일도 오늘만큼만 할 수 있기를 서로 격려하는 자리였다. "극한의 환경일수록 설렘과 즐거움을 나눌 수 있는 의도적인 노력이 필요하다." 인듀어런스호의 어니스트 섀클턴 선장의 말이다.

리추얼은 어떤 계기가 있을 때마다 행하는 일종의 의식이다. 매일 밤 밴조를 연주하며 서로를 다독이는 것처럼, 무엇을 축하하거나 기념해야 할 때 리추얼을 행하면 그것이 무엇이든지 간에 그 계기를 더 가치 있게 만든다. 골프대회 우승자가 그린재킷을 입는 것도 선수의 우승을 더 가치 있게 만드는 리추얼이다. 2020년 프로야구 한국시리즈에서 우승한 NC다이노스팀이 모기업인 NC

소프트의 유명 게임 리니지에 나오는 집행검을 높이 치켜든 행위도 리추얼이다. 어떤 우승 트로피보다 값지게 보여 우리나라뿐 아니라 다른 나라에서도 큰 화제가 되었다.

언택트 환경에서는 원격으로 사회적 상호작용을 할 기회를 제공하는 것이 필수다. "각자 집에서 맥주와 피자를 시켜 같은 시간에 먹는 피자 파티도 좋고, 금요일 오후 코스튬을 입고 화상 파티를 해도 좋다. 원격으로 하는 정기적 상호작용은 그 행위가 무엇이든 소속감을 높일 수 있다." 재택근무자들의 일하는 방식을 연구하는 노이스턴대 바버라 라손Barbara Larson 교수의 말이다(출처: 'A Guide to Managing Your (Newly) Remote Workers', 〈HBR〉, 2020.03)

물리적으로 같은 공간, 같은 시간에 근무하기 어려워진 시대, 심리적으로라도 한 팀이라는 소속감이 있어야 한다. 따로 있지만 함께하는 우리, 리추얼로 방법을 찾아보자.

요즘 시대에
조직력을 높이는 T.O.P

기업 워크숍에서 블록으로 탑 쌓기 게임을 할 때가 있다. 주어진 시간 안에 탑을 높이 쌓는 팀이 우승이다. 다들 열심히 한다. 각자의 건축학적 지식과 노하우가 등장한다. 창의성도 한몫한다. 주어진 시간 안에 최대의 성과를 내야 한다. 그런데 이걸로 끝이 아니다. 게임은 2라운드로 넘어간다. 이제 옆 팀의 타노스(영화 〈어벤져스〉 시리즈에서 손가락 튕김 하나로 우주의 절반을 없앨 수 있는 인물)가 하나의 블록만을 움직여서 우리 탑을 공격할 차례. 타노스는 당연히 탑의 가장 밑단을 노린다. 대개는 공든 탑이 와르르 무너진다. 그런데 반전! 밑단에 있는 블록을 뺐는데도 균형을 잡고 무너지지 않는 탑도 있다. 당연히 그 팀이 최종 우승이다.

한 명의 셰이크홀더가 공든 탑을 무너뜨리는 시대

성과를 높이는 방법은 다양하다. 최고의 전략과 최대의 투자, 거기에 구성원들의 성실함과 책임감까지. 여기에 창의적인 아이디어가 합쳐지면 못 해낼 것이 없다. 그런데 문제는 그다음이다.

기업의 이해관계자를 일컫는 스테이크홀더Stakeholder라는 표현이 있다. 스테이크Stake, 즉 지분을 얼마나 많이 가지고 있느냐, 기업에 대한 영향력을 뜻한다. 주주자본주의의 대표적인 개념이다. 그런데 요즘은 기업 경영에 영향력을 미치는 이해관계자를 뜻하는 다른 말이 등장했다. 셰이크홀더Shakeholder. 기업을 흔들 만큼 큰 영향력이 있다는 뜻이다. 주식이나 지분하고는 상관없다. 외부의 누군가가 그 주인공이 될 수 있다.

우리나라 국책 항공사가 최근 몇 년간 어려움에 봉착해 있다. CEO 리스크, 오너 가문의 몇몇이 물의를 일으킨 탓이다. 어떤 오너는 외부 업체와 회의 중 물컵을 집어 던졌다. 어떤 사람은 견과류 서비스가 부족하다 하여 출발한 비행기를 회항시켰다. 어떤 사람은 공사 중인 인부에게 막말을 쏟아냈다. 일련의 일들이 공개되면서 그 항공사는 엄청난 비난을 받아야 했다. 회사의 공식적인 사과도 먹히지 않았다. 불매운동이 일어나고, 주가가 곤두박질치고, 그중 일부는 법의 심판을 받기도 했다. 그야말로 회사

의 근간을 흔드는 엄청난 영향력이었다. 이 모든 일은 외부에서
는 알 수 없는 상황이었다. 그런데 어떻게? 물컵이 날아가는 현장
을 목격한 누군가가 SNS에 올렸다. 비행기에서 강제로 내리게 된
누군가가 1인 시위를 했다. 막말을 쏟아내는 광경을 찍은 누군가
가 주위 사람과 영상을 공유했다. 바로 그 '누군가'가 셰이크홀더
다. 회사에서의 지분도 없고 발언권도 없지만, 회사를 지배하는
파워가 전혀 없더라도 회사를 흔들 수 있는 파워는 누구에게나
있다.

전 국민의 언론화 시대다. 모두가 취재용 휴대전화 카메라를
가지고 있고, 모두가 취재 기사를 실을 SNS가 있다. 공익 제보도
활발하다. 특히 사회적 이목이 쏠리는 공인은 몸가짐 하나하나를
조심해야 한다. 사회적 책임을 져야 하는 기업도 마찬가지다. 어
디서 누가 지켜보고 있을지 알 수 없다. 직장 내 갑질을 한 리더
한 명의 행실이 외부로 알려지면 회사의 평판이 깎인다. 성희롱
을 무마하거나 은폐 또는 방임한 조직은 법적 제재를 받는다. 법
적 문제가 아니라도 도의적 책임에서 벗어나기 어렵다.

때로는 사실이 아닌 루머 때문에 억울하게 피해를 보기도 한
다. 아무리 아니라고 해명하고 나중에 정말로 무혐의로 판명되더
라도 당장의 이미지 실추와 손해는 어쩔 수 없이 감당해야 한다.
셰이크홀더가 무서운 이유다. 그리고 셰이크홀더의 영향력은 어

느 조직도 피해갈 수 없다. 혹자는 말한다. "외부에서 흔들어대니까 어쩔 수 없었다고요!"

문제는 이런 셰이크홀더의 영향을 받았을 때 한순간에 무너지는 조직이 있고 이를 버텨내는 조직이 있다는 것. 이것이 조직력이다. 성과를 높이는 것뿐 아니라 올린 성과를 지킬 수 있도록 내실 있고 탄탄한 조직력이 뒷받침되어야 한다. 내실 있고 탄탄한 조직을 만들기 위해서는 T.O.P가 필요하다. T는 Technology(기술), O는 Operation & Management(운영&관리), P는 People & Culture(사람&문화)를 뜻한다. 삼각형은 어느 한쪽만 무너져도 균형이 깨진다. 세 가지가 모두 균형을 이뤄야 한다.

요즘 조직의 T.O.P

여기서 퀴즈. 다음 페이지에 나오는 그림의 값을 맞혀보자. 이 그림을 그린 화가는 인간이 아니라 AI다. '내 돈 주고는 안 산다'부터 비싸봐야 1000만 원 정도를 예상하는 사람들이 많다. 하지만 예상과 달리 2018년 크리스티 경매에서 낙찰된 가격은 무려 5억 원. 더 놀라운 건 당시 같이 경매에 올라왔던 앤디 워홀의 작품이 8500만 원, 리히텐슈타인의 작품이 1억 원이었다는 사실

| AI가 그린 초상화 〈에드몽 드 벨라미의 초상〉 |

이다. 소위 교과서에 나오는 거장들의 작품보다 기계가 그린 작품의 가치가 더 높게 평가되는 시대다. 기술혁명은 그 한계를 알 수 없을 정도로 빠르게 이루어진다. 기술은 지금도 엄청난 속도로 성장하고 있다.

기술은 이렇게 빠르게 발전하는데 주 52시간 근로제가 되면서 절대적인 근무 시간이 줄어들었다. 예전처럼 야근, 특근으로 때울 수 없다는 의미다. 정해진 시간에 예전만큼 또는 그 이상의 성과를 내려면 생산성을 높여야 한다. 생산성은 인풋(분모) 대비

아웃풋(분자)의 함수다. 생산성을 높이려면 분자를 늘리거나 분모를 줄이면 된다.

$$생산성 = \frac{아웃풋}{인풋}$$

과거에는 아웃풋을 늘리기 위해 신사업을 하고 새로운 기법을 도입하는 등 늘 뭔가를 더해왔다. 그러다 보니 번아웃에 걸린 사람이 늘어났다. 현대사회에서 과로사가 아직도 있다는 건 너무 야만적이다. 요즘의 생산성 높이기는 인풋 줄이기다. 그래서 시간부터 줄인 거다.

그다음 차례는 노력과 에너지 줄이기다. 기업들은 기계가 할 수 있는 일, 자동으로 처리될 수 있는 일은 사람을 대신해 기계에 맡기는 방법을 찾고 있다. 로보틱 처리 자동화RPA: Robotic Process Automation 시스템을 도입하는 기업이 늘고 있다. 간단한 분석과 데이터 관리는 이제 시스템으로 처리한다. 사람이 몇 시간에 걸쳐 처리했던 업무를 로봇이 단 몇 분 만에 해낸다. 요즘은 증권 뉴스의 상당 부분을 로봇이 쓰고 있는 것이 일례다. 운영operation의 혁명이 일어나고 있다. 남은 것은 시스템 관리management의 몫이다.

어느 대기업에서 RPA 시스템을 도입했다. 직원들의 호응이 컸고 인기가 좋았다. 그러다 보니 임원급에서도 해당 시스템에 관심이 생겼다. 모 임원이 시스템을 배우기 위해 IT 담당자를 불렀다. 이것저것 기능을 활용해보니 좋은 것도 있지만 개선해야 할 것도 보인다. 이 기능은 이렇게 좀 더 분류하고, 여기 화면은 이 부분까지 보일 수 있도록 확대하고… 임원의 의견이 나쁘지 않아 담당자는 시스템을 고쳤다. 문제는 그다음부터 직원들의 사용률이 확 떨어진 것. 시스템이 초기에 비해 너무 복잡해진 것이다. 기능을 다 담아서 무겁게 갈 것이냐, 단순하지만 가볍게 갈 것이냐? 관리의 원칙을 정해야 한다.

마지막으로 기술을 발전시키고 원칙과 룰을 운영하는 것은 결국 사람이다. 사람과 문화가 가장 중요하다고 강조되는 이유다. 기술로 해결하고, 제도와 시스템으로 결정하는 데에는 분명 한계가 있다. 결국은 그 조직의 리더와 구성원들이 순간순간 모호한 것들을 얼마나 현명하게 처리하느냐에 따라 조직의 성패가 달려 있다고 봐야 한다.

다시 탑 쌓기 게임으로 돌아가 보자. 타노스의 한 번의 튕김으로 속절없이 무너지는 탑이 있는 반면, 끝까지 버티는 탑이 있다. 탑은 얼마든지 높이 쌓을 수 있다. 그러나 위기를 버티기 위해서는 또 다른 노력이 필요하다. 조직력이 탄탄하면 외부의 영향에 조직 전체가 무너지는 것은 막을 수 있다. 결국은 사람이다.

업무환경이 바뀌면
조직의 룰도 달라져야 한다

축구 좋아하는 분들을 위한 퀴즈 하나. 공격수가 슈팅하는 순간, 공이 골대 앞에 있던 심판의 다리에 맞고 정확하게 골인. 결과적으로 심판이 어시스트를 해준 셈이 되었다. 자, 이 공은 골일까 아닐까? 축구를 아는 사람들은 대부분 골이라고 답한다. 심판은 경기에 영향을 주지 않는다는 원칙 때문이다. 실제 FIFA 규정에 의하면, '주심의 몸에 맞은 공은 경기 흐름에 영향을 미치지 않는다'로 되어 있다. 그런데 그 원칙이 달라졌다. 2019년 6월, FIFA의 개정규칙에 의하면 '공의 소유 팀이 바뀌거나, 결정적 공격으로 연결되거나(어시스트), 그대로 골이 된 경우 드롭볼을 시행한다'고 되어 있다.

과거 그라운드 스포츠에서 심판의 역할은 막대했다. 심판의 권위가 최고였던 시절, 모든 것은 심판의 판단에 따랐다. 2020년 12월, 손흥민 선수의 100호 골 강탈 논란을 일으킨 경기에서도 명백한 심판의 오심이 있었지만 VAR이 준비되지 않은 관계로 그대로 진행됐다.

하지만 요즘은 VAR 시스템이 많이 도입되어 심판의 판단에 의존할 필요가 없다. 절대적, 권위적 존재로서의 심판보다는 선수가 억울한 부분이 없도록 최대한 조치한다. 조금이라도 애매한 부분이 있다면 바로 비디오 판독으로 들어간다. 시대의 변화를 받아들인 것이다. 환경이 바뀌면 규칙도 바뀐다.

신뢰는 예측 가능성에서 온다

코로나 시대를 거치며 우리가 일하는 환경도 바뀌었다. 주 52시간 근로제로 바뀌면서 장시간 일하는 것이 불가능해졌다. 자율근무제가 시행되는 회사에서는 각자 일하는 시간이 다르다. 언택트 업무환경은 따로 또 같이 일하는 방식에 익숙해지기를 요구한다. 세상의 변화에 따라 다양한 프로젝트들이 동시다발적으로 발생한다.

이처럼 갑자기 환경이 바뀌다 보니 서로 다른 생각들이 존재

한다. 가령 화상회의를 할 때, 누군가는 출근하는 것처럼 제대로 옷을 갖춰 입어야 한다고 생각한다. 누군가는 어차피 일만 하면 되는데 옷을 차려입을 필요가 있나 반문한다. 집에서 화상회의에 참석하다 보면 동료 직원의 자녀가 화면에 등장하기도 한다. 누군가는 '집에서 하니 어쩔 수 없지'라고 생각하지만, 누군가는 '여러 사람이 참여하는 회의인데 최소한의 에티켓 아니냐'며 불편해한다.

어떻게 해야 할까? 새롭게 바뀐 업무환경에 맞춰 룰도 달라져야 한다. 아마추어와 프로의 차이는 이거다. 아마추어는 일단 하고, 문제가 생기면 그때 가서 해결한다. 그러다 보니 목소리 큰 사람, 나이 많은 사람, 힘 있는 사람 위주로 돌아간다. 강한 자가 약한 자를 힘으로 누르는 정글의 모습이다. 프로는 다르다. 어떤 상황이 벌어질지 미리 예측해서 룰부터 정하고 시작한다. 그래서 실제 그 상황이 발생했을 때 이견 없이 해결할 수 있다. 프로야구 규정집에는, 타자가 공을 쳤는데 지나가던 새가 공을 물고 가는 경우(실제 그런 경우가 있을까?)에 어떻게 처리할지까지 정해놓았다.

스포츠 경기에서 나온 그라운드 룰이 업무 현장으로 오면 워크웨이Work Way가 된다. 일례로 10시 회의에 참석해야 하는데 지금은 9시 50분. 그런데 한창 바쁜 일을 처리하고 있다. 이 일을 끝내고 가면 15분가량 늦는다. 여러분은 어떻게 하겠는가? 주변 사람들에게 질문하면 보통 반반이다. 여럿이 모이는 회의가 중요하니 일을 끊고 참석한다. 일의 완결성이 중요하니 양해를 구하고 회의에 늦는다. 어느 쪽 의견이 옳다, 틀리다 말하기 곤란하다. '그때그때 달라요'도 문제다. 신뢰는 예측 가능성에서 온다. 이를 위해 룰이 필요하다.

룰은 명확할수록 좋다

배달 앱을 운영하는 우아한형제들의 룰 중에 '9시 1분은 9시가 아니다. 우리는 규율 위에 세운 자율적인 문화를 지향합니다'라는 유명한 규정이 있다. 시간 약속을 엄격히 지켜야 함을 강조한다. 이 경우에는 회의 시간을 칼같이 지키는 게 맞다. 그러면 이 규칙이 절대적으로 옳은 것일까? 미디어 기업 E는 '9시 1분은 9시에서 1분이 지난 시각이다. 우리는 융통성 있는 문화를 지향합니다'를 룰로 내세웠다. 이 기업에서는 업무 완결성을 더 중요하게 여겼다. 업무 흐름이 중요하니 다 끝내고 회의에 참석하는 것이 효율적이라는 이유다.

업무에 대한 룰이 명확한 조직은 낭비가 없다. 누구는 회의 시간을 철저하게 지켜야 한다고 생각하고, 누구는 융통성이 중요하다고 하면 그 자체가 갈등과 논란의 요소가 된다. 룰이 있으면 반목할 이유가 없다. 10분 전인데 가야 하나 말아야 하나 고민할 필요도 없다. 업무 처리 속도가 빨라지는 것이다. 나만 그런 것이 아니라 다 같이 지킨다면 행동에 일관성이 생긴다.

모 그룹의 채용담당자는 고민이 많다. 입사면접 때 어떤 임원이 면접관으로 들어오느냐에 따라 그해 신입사원의 분위기가 달라지기 때문이다. 카리스마 있는 영업 담당 임원이 들어오면 시원시원하고 추진력 있는 사람들이 대거 합격한다. 꼼꼼하고 신중한 재무 담당 임원이 들어오면 어김없이 차분하고 논리력 있는 사람들이 합격한다. 이래서야 되겠는가? 그 회사의 인재상이 명확하지 않아서 생기는 문제다.

언택트 업무 룰은 BODI를 기억하라

특히 리모트 워크가 시작되면서 업무환경이 확연히 달라졌다. 리더는 일을 줘야 하는데 집에 있는 구성원한테 매번 전화하기도 미안하고, 메일로 쓰자니 텍스트를 너무 많이 써야 해서 부담이다. 구성원도 리더가 일을 줄 때 메신저로만 설명하니 막상 업무할 때 애매한 게 많다며 고민이다.

언택트 업무 지시 상황에서도 룰이 필요하다. 이때는 BODI를 활용하면 된다. 과제를 하는 배경과 맥락Background, 과제의 최종 결과물 이미지Output, 마감 일정Due Date, 과제 수행을 위해 필요한 정보나 자료Information를 말한다. 지시하는 사람이나 지시받은 사람이나 BODI를 확인 후 일을 시작한다고 룰을 정해놓으면 된다.

화상회의도 마찬가지다. 카메라를 켤지, 발언은 말로 할지 채팅으로 할지, 인터넷 환경은 자꾸 끊기는 핫 스폿 대신 와이파이로 할지 등을 미리 룰로 세팅하고 해야 한다. 사무실에 있을 때처럼 "잠깐 모입시다"가 안 되므로, 화상회의의 능률을 극대화하기 위함이다.

그런데 여기서 중요한 문제가 있다. 영국의 처칠 수상이 국회 연설을 가는데 시간이 늦었다. 운전기사는 교통신호를 무시하고 질주하다 교통경찰에게 제지를 당한다. 사정을 설명했지만 경찰은 아랑곳하지 않고 범칙금 티켓을 발부했다. 연설 후 처칠은 경찰청장을 불렀다. 예외 없이 일 처리를 한 경찰에게 포상하는 이유였다. 경찰청장은 대답했다. "영국 경찰은 해야 할 일을 했다고 포상받지 않습니다." 룰은 사람을 가리지 않는다.

일단
애자일하게!

경영학은 유행에 민감하다. 시대마다 유행하는 기법이 있다. IMF 이후 기업들이 어디로 갈지 몰라 갈팡질팡할 때는 방향성을 알려주는 비전 경영, 가치관 경영이 유행했다. 창의적인 문제 해결이 필요해진 시대에는 디자이너들의 사용자 중심 비법을 가져온 디자인 경영이 유행했다. 실리콘밸리의 스타트업들이 뜨기 시작하자 유니콘 기업들의 업무방식을 따서 린 경영이 유행했다. 최근에는 소프트웨어 개발자들의 문화를 도입한 애자일 경영이 유행이다.

변화에 얼마나 빨리 대응하는가

개발자들의 일하는 방식이 왜 화제일까? 원래 프로젝트는 건설이나 자동차 등의 제조 분야에서 나온 개념이다. 그런데 IT시스템이 도입되면서 기존의 프로젝트 방법론이 IT 프로젝트에는 잘 맞지 않는 경우가 생겼다. 밤새워 코딩하고 만들었는데 그 화면이 아니라고 한다. 처음 설계했을 때는 이렇게 복잡한 시스템이 아니었는데 갈수록 기능도 늘어나고 스펙이 확장된다. 애초의 계획과 마지막 산출물을 같은 것이라 볼 수 없을 정도다.

그래서 2001년 17명의 소프트웨어 개발자들이 한 스키 리조트에 모여 만든 것이 '애자일 소프트웨어 개발 선언'이다. 정해진 프로세스나 도구를 따르기보다 그때그때 개인과 상호작용해서 진행한다. 포괄적인 문서보다 실제 작동하는 소프트웨어를, 계약 협상보다는 고객과의 협력을 중시한다. 처음의 계획에 갇히지 말고 변화에 대응하는 것에 더 가치를 둔다. 여기서 나온 말이 변화에 대응하는, 애자일이다.

하루가 다르게 변화하는 요즘 환경에서 처음 계획대로 가는 경우는 거의 없다. 몇 달 전 계약서 작성을 시작했던 당시와 지금의 상황이 완전히 달라지는 경우도 흔하다. 그래서 요즘은 변화 관리 방법도 달라졌다. 예전에는 '변화를 이끌어라, 변화를 선제적으로 만들어라' 유를 강조했다. 요즘은? 변화를 이끌긴 뭘 어떻게 이끌겠는가. 닥친 변화에 빨리 대응하고 적응하기도 쉽지 않은데. 그래서 애자일이 대두되었다. 그런데 애자일이라고 하니 오해도 있다. 기민하게, 민첩하게, 빨리? 우리는 스피드의 민족인데 여기서 얼마나 더 빨리 해야 할까?

시집간 딸이 모처럼 친정에 왔다. 어머니는 딸이 좋아하던 된장찌개 준비에 여념이 없다. 감자, 두부, 파…. 어머니를 도우려고 부엌에 들어온 딸이 감자를 보더니 갑자기 먹고 싶은 것이 생겼다. "엄마, 나 감자전 먹고 싶어요." 이때 어머니의 반응은? '네가 해 먹어', '시켜 먹어', '찌개 빨리 해줄 테니 그냥 그거 먹으렴' 중에 하나일 것이다. 애자일한 답변은 이거다. "그래, 이 감자로 전 만들어줄게. 대신 찌개용이라 양은 많지 않겠다."

환경이 달라졌다. 고객의 요구가 달라졌다. 이럴 때 애자일한 대응은 빠른 요리가 아니라 빠른 태세 전환이다. '왜 주는 대로 안 먹나, 갑자기 바꾸면 어떡하나, 준비가 안 돼서 못 한다'라며 고객 탓을 하겠는가? 어제 다르고 오늘 다른 세상, 고객의 변화는 당연하다. 우리가 이에 어떻게 대응할 것인지가 관건이다.

빨리 실패해봐야 성공할 수 있다

정해진 시간에 사람을 맞히는 '누구일까요?' 게임이 있다. 예를 들어 출제자는 머릿속에 국민 MC 유재석을 생각하고 있다. 참가자들이 질문하면 출제자는 예, 아니오, 단답형으로만 답할 수 있다. 누군가가 첫 질문을 던진다. "죽었나요, 살았나요?" "살아 있습니다." 일단 역사 속 인물은 아니다. 동시대 사람으로 범위가 확 좁혀진다. 두 번째 질문이 들어온다. "정치인인가요?" "아닙니다." 틀렸지만 대통령과 국회의원을 포함한 다수의 후보가 범위에서 빠진다. 세 번째 질문, "연예인인가요?" "오, 맞습니다." 이쯤이면 성미 급한 누군가가 답을 외친다. "강호동?" "아닙니다." 네 번째 질문, "남자인가요, 여자인가요?" 이렇게 몇 번을 왔다 갔다 하다 보면 결국 얼마 안 가서 정답자가 나온다.

이 게임의 교훈은 무엇일까? 되든 안 되든 질문을 자꾸 던져야 한다. 혼자 고민해봤자 정답을 맞힐 가능성은 적다. 틀려도 괜찮다. 나의 오답이 누군가에는 중요한 정보가 된다. 빠른 실패가 게임 승리의 비결이다.

비행이론을 체계화하고 17년간 정부 지원을 받아 비행기 개발에 힘쓴 로버트 랭리 박사. 하버드대 출신의 엘리트 중 엘리트다. 그러나 실제 비행에 성공한 것은 오하이오주 작은 마을 자전거 가게 주인인 라이트 형제였다. 라이트 형제는 이론도, 지식도 부족했다. 그러니 할 수 있는 건 일단 비행기를 띄워서 몸으로 부딪혀보는 것. 라이트 형제의 성공은 하루 20번 이상, 3개월간 1000번 이상 하늘에 무언가를 띄워본 결과였다.

급변하는 시대에 기업과 조직이 실패하는 이유는 철저한 시장조사, 정교한 전략과 기획 등 기존의 경영방식으로 대응하다 타이밍을 놓쳤기 때문인 경우가 많다. 불확실성이 높아진 시대, 치밀한 계획이나 전략보다 중요한 것은 리스크가 크지 않을 때 일단 실행하는 것이다. 오늘은 내일보다 리스크가 작다. 그래서 오늘 일단 해보는 거다.

기존의 것을 조금씩 개선하는 것이 아니라, 세상에 없던 것을 만들어내야 성공하는 시대다. 이 세상에 없던 일을 완벽하게 계획하기란 어렵다. 그래서 리틀벳Little Bets은 애자일의 기본 조건이다. 부담 없는 '작은 시도'를 통해서 '더 나은 결과'를 지향하는 것이다. 결국 애자일의 핵심은 작은 실행과 빠른 피드백, 이를 통한 더 나은 재실행을 반복함으로써 급변하는 비즈니스 환경에 빠르게 대응해나가는 업무방식이다. 그러려면 어떻게 해야 할까?

역할조직과 위계조직

애자일 조직은 기존의 위계조직과는 다르다. 초기 실리콘밸리 기업들의 고민은 개발자들의 잦은 이직이었다. 그럴 수밖에. 개발팀이 가장 많이 듣는 말이 '기다려주세요'이다. 전략이 안 나왔으니까 기다려주세요. 설계가 안 끝났으니까 기다려주세요. 디자인 중이니까 기다려주세요. 앞 단에서 시간을 다 잡아먹으니 정작 결과물을 만들어내는 개발 시간이 촉박할 수밖에. 의사결정도 직급 높은 사람이 좌지우지하고. 기능별로 전문화된 위계조직은 다른 팀 일에 관심 가질 필요가 없다. 사일로 현상이 심화되는 것이다. 이 모든 것이 업무 처리를 지연시키는 요인이다.

변화에 빠르게 대응하기 위해 애자일 조직은 역할조직으로 구성된다. 각자 역할을 맡은 사람들이 모여 한 팀을 이룬다. 의사결정도 직급이 아닌 역할 담당이 맡는다.

대표적인 역할조직인 애니메이션 기업 픽사. 회의석상에서 사장이 "이 색상이 좀 이상하지 않나요?"라고 의견을 내도 디자이너가 "참고할게요. 하지만 시장 반응은 이 색이 더 좋아요" 하면 끝이다. 색상 결정은 디자이너의 역할이고 권한이기 때문이다. 그래서 실리콘밸리에서는 상급자 지시나 의견을 우스갯소리로 히포HiPPO: Highest Paid Person's Opinion라고 부른다. 단순히 '보수를 가장 많이 받는 사람의 의견'이라는 의미다.

기능별 협업이 강화되고 사일로 현상을 극복하는 데 역할조직은 큰 도움이 된다. 그러면 모든 조직을 다 역할조직으로 바꿔야 할까? 그렇지 않다.

사실 같은 IT라도 기업마다 조직 구조는 다 다르다. 아마존은 기계적 관료제 구조를 가지고 있다. 스티브 잡스 시절, 애플은 최고경영자 중심의 단순 구조였다. MS는 사업부제가 자율로 운영된다. 즉, 업과 직무, 조직문화에 따라 정답이 다르다. 가령 500여 개의 공정이 이어지는 반도체 회사가 역할조직으로 바꾸면 어떻게 될까? 대혼란이 올지도 모른다. 작은 오차도 허용되지 않는 프로세스에서는 일사불란한 위계조직이 더 효과적일 수 있다는 말이다. 애자일 방식의 역할조직은 고객 니즈의 변화 폭이 크거나 다양할 때, 새로운 상품과 서비스가 지속적으로 필요할 때, 시장의 요청에 따라 일이 진행될 때 유용하다. 반도체 회사에서도 제조 공정은 위계조직이 어울리지만, 상품기획이나 영업마케팅, R&D 등에서는 역할조직의 효과가 클 수도 있다.

이렇게 조직 구조는 업과 직무의 특성에 따라 다르지만, 급변하는 시대에 모든 조직은 애자일하게 이끄는 리더십이 필요하다. 더 이상 경험 많은 소수의 리더에게 의존해서 성과를 내는 시대가 아니다. 애자일 시대의 리더는 답을 주는 사람이 아니다. 구성원들이 집단지성으로 답을 찾아가는 과정을 관리해주는 역할을 해야 한다. 조직력을 통해 집단지성을 높이려면 구성원 각자가 자신의 역할을 하도록 이끌어야 한다. 구성원이 빠른 실패를 통해 더 나은 다음을 도모할 수 있게 지원해야 한다.

요즘의 변화는 그야말로 눈이 팽팽 돌아갈 지경이다. 하루가 다르게 새로운 소식, 새로운 인물, 새로운 제품과 서비스가 등장한다. 전 세계를 팬데믹으로 몰아넣은 위기가 언제 또 올지 모른다. 몰아치는 파도를 막을 수는 없지만 파도를 '잘' 타는 법은 가르쳐줄 수 있다.

"우리는 답을 찾을 것이다, 늘 그랬듯이." 영화 〈인터스텔라〉에 나오는 말처럼 말이다.

새로운 시대
조직의 조건

초판 1쇄 인쇄 2022년 10월 5일 **초판 1쇄 발행** 2022년 10월 19일

지은이 김미진 조미나 최철규
펴낸이 이승현

출판2 본부장 박태근
W&G 팀장 류혜정
편집 임지선
디자인 함지현

펴낸곳 ㈜위즈덤하우스 **출판등록** 2000년 5월 23일 제13-1071호
주소 서울특별시 마포구 양화로 19 합정오피스빌딩 17층
전화 02) 2179-5600 **홈페이지** www.wisdomhouse.co.kr

ⓒ 김미진 조미나 최철규, 2022

ISBN 979-11-6812-448-6 03320